監修者――加藤友康／五味文彦／鈴木淳／高埜利彦

［カバー表写真］
溥儀に拝賀する人びとと
現在の勤民楼

［カバー裏写真］
紫禁城

［扉写真］
満洲国皇帝の溥儀
（1936年ころ）

日本史リブレット人099

溥儀

変転する政治に翻弄された生涯

Tsukase Susumu
塚瀬 進

目次

なぜ溥儀の伝記を書くのか

およそ伝記というものは偉大な指導者や芸術家など、何事かをなしとげた人物に対して書かれるものであろう。しかしながら、本書の登場人物である溥儀(一九〇六～六七)は、とくに何かを達成したり、生み出した人物ではない。溥儀は三度皇帝に即位し、最後は一般人として死去するという、そのあゆんだ人生の数奇さから注目を集めている人物である。

溥儀は一九〇六年二月に生まれ、光緒帝《こうしょてい》▲、西太后《せいたいごう》▲が死去した〇八年に二歳で皇帝に即位した。一九一二年に清朝《しんちょう》は滅亡したが、中華民国からあたえられた優待条件により紫禁城《しきんじょう》に住み続ける。一九一七年の一一歳のとき、清朝の遺臣である張勲《ちょうくん》により復辟《ふくへき》(ふたたび皇帝に即位すること)が行われ、二度目の皇帝即

▼**光緒帝**　一八七一～一九〇八年。在位一八七五～一九〇八年。清朝の第十一代皇帝。名は載湉《さいてん》。奕譞《えきけん》(道光帝《どうこうてい》の第七子)の第二子として生まれる。母親は西太后の妹。子どもはもうけずに、一九〇八年に不可解な死をとげた。

▼**西太后**　一八三五～一九〇八年。咸豊帝《かんぽうてい》の後宮《こうきゅう》にはいり、のちに同治帝《どうちてい》となる男子を生む。同治帝・光緒帝のとき、清朝の実権を握り続けた。保守的な考え方が強かったが、一九〇五年に日本と欧米の政治制度を調査させ、立憲《りっけん》政治への移行を模索していた。

位をした。だが、このとき皇帝としてすごしたのはわずかに一一日間であった。一九三二年に満洲《まんしゅう》国が建国されると、最初は執政《しっせい》に就任し、三四年には三度目の皇帝即位を果たした。一九四五年、満洲国崩壊にともない退位を余儀なくされ、ソ連での拘留、撫順《ぶじゅん》戦犯管理所での学習をへて、五九年に特赦《とくしゃ》を受けて平民《へいみん》となり、六七年に六一歳でその生涯をおえた。

溥儀を語る際、常人では考えられない三度の皇帝即位をもって、「数奇な生涯」「波乱に富んだ人生」などの形容がよく使われる。たしかにこうした経歴をもつ人物を、二十世紀の歴史のなかで溥儀以外にみつけることはできないであろう。とはいえ、溥儀はただ「数奇な運命」に流されて三度皇帝になったわけではない。溥儀自身が主体的に皇帝になろうと行動したこともあったが、個人の努力だけでは皇帝にはなれない。溥儀を皇帝に即位させる時代状況や勢力が背後にあったことを忘れてはならない。なぜ溥儀は「数奇な生涯」をあゆむことになったのかを問うことは、溥儀が生きた時代、中国をめぐる状況を理解することにつながる。本書は二十世紀という時代のなかに、そして中国という舞台のなかに溥儀の生涯を位置づけることを企図している。

溥儀の生涯を人びとに知らしめたのは、自伝『わが半生』(中国語書籍名は『我的前半生』)が出版されたことである。『わが半生』はその成立過程に起因して、いくつかの版本が存在する。もともとこの自伝は、一九五七年に撫順戦犯管理所での学習の一環として書きはじめられ、五八年末に完成した。これは自己批判のための資料ともいうべきもので、読者に溥儀の生涯を理解してもらうことを目的にはしていなかった。しかし中国共産党は皇帝みずからが書いた自伝としての価値を高く認め、一九六〇年に内部発行本として印刷した。装丁が灰色であったことから灰皮本と呼ばれている。その後、群衆出版社(中国公安部の出版社)が中心となり、溥儀はライターの李文達と協力して修正稿を作成し、一九六二年十月に脱稿した。この原稿にさらに手がいれられ、一九六四年三月に『わが半生』(定本と呼ぶ)は出版された。『わが半生』は、何回にもわたる書きなおしの末に完成した作品である。定本の日本語版は小野忍・野原四郎監修、新島淳良・丸山昇訳により大安《だいあん》から一九六五(昭和四十)年に出版された。その後一九七七(昭和五十二)年に筑摩書房から再版され、九二(平成四)年にちくま文庫としても出版された。

『わが半生』は溥儀の人生行路、苦悩などをいきいきと描いている。しかしながら、どのような自伝であれ、それが作成された時点での著者を取りまく社会状況がその内容に影響をおよぼすことは論をまたない。『わが半生』は撫順戦犯管理所での自己批判の材料として書きはじめられたものであり、静かに人生をおえようとしている老境の気持ちから書かれたものではない。

二〇〇四年に群衆出版社は、定本完成以前の原稿が発見されたことを契機に、『わが半生』の記述を検証する作業を始めた。そして、定本では削除された記述を補い、誤解のある一部の史実を訂正し、よりわかりやすい記述に改めた『わが半生』(全本と呼ぶ)を二〇〇七年に出版した。さらに群衆出版社は二〇一一年に灰皮本の復刊も行った。ここに『わが半生』は灰皮本(一九六〇年刊)、定本(一九六四年刊)、全本(二〇〇七年刊)という三種類の版本が活字となったのである。

三種類の版本を比較すると、灰皮本は階級闘争的なコメントが多く、溥儀の個人的な心情については禁欲的な印象を受ける。定本の作成にあたって溥儀は群衆出版社の協力のもとで、それまで門外不出であった故宮《こきゅう》(北京《ペキン》)所蔵の史料を参照して、記述の正確性を高め厚みをだす修正を加えている。また、溥儀自

『わが半生』(定本：ちくま文庫版)の時期別のページ数

	期　　間	ページ数	割合
辛亥革命まで	1906～11(1章，2章)	132ページ	14.3%
紫禁城からの追放まで	1912～24(3章)	185ページ	20.1%
天津時代	1925～31(4章)	101ページ	11.0%
満洲国時代	1932～45(5章，6章)	199ページ	21.6%
ソ連時代	1946～49(7章)	14ページ	1.5%
撫順戦犯管理所時代	1950～59(8章，9章)	290ページ	31.5%
＊本文の合計		921ページ	100.0%

身の印象や心持ちを読みとることのできる文章も付加されている。定本と全本を比較すると、天津《てんしん》時代まではほぼ同じである(ただし内容は同じでも文章表現や構成が異なる部分も多い)。満洲国時代からあらたに付け加えられた文章がふえ、撫順戦犯管理所時代の記述は大きく異なる。全本は定本にはない記述を単純に補ったものではなく、あらたな『わが半生』ともみなされる内容である。この全本を「完全版」だとする見解がある(『月刊中国NEWS』)が、「完全版」とは何を意味しているのだろうか。『わが半生』は何回もの修正作業をへて作成されており、どの時点においても「完全版」と称せる版本はない。定本の内容は、これが出版された一九六四年時点で問題ないと判断された記述である。全本に付加された内容は、二〇〇七年時点で問題はないと判断された記述であり、両者の相違は出版年の政治的状況を反映したものだと指摘したい。

それぞれの版本がどの時期を重点的に書いているのか、溥儀の生涯を六期に分けてそれぞれのページ数をカウントしてみた。まず、ちくま文庫版により、定本の内容をみてみたい(上表参照)。もっともページ数が多いのは一九五〇～五九年の撫順戦犯管理所時代であり、全体の三一・五%である。ソ連時代の約五年間については、わずかに一四ページ、全体の一・五%にすぎない。つまり、定本は撫順戦犯管理所で溥儀が皇帝から平民に生まれ変わるプロセスを重視している。

全本の内容も定本と大きくは変わらず、撫順戦犯管理所時代の記述が三一・〇%ともっとも多い。ところが灰皮本の構成は異なり、満洲国時代二九・〇%、「紫禁城からの追放まで」二二・七%、撫順戦犯管理所時代一八・三%となっている。灰皮本において記述がもっとも多いのは満洲国時代である。こうした構成上の相違から、一つの仮説が浮かび上がる。日本語版にもなっている定本はその作成過程で撫順戦犯管理所時代の記述をふやし、この時期の溥儀の軌跡を強調しようとしたのではないか、という仮説である。定本と全本は撫順戦犯管理所に収容された溥儀が、中国共産党の指導のもとで皇帝から平民へと生まれ変わる、皇帝からの「改造」の過程に重点をおいた内容になっているといえよう。中国共産党の指導が『わが半生』の記述を書かせていたわけではないが、この秀逸な自伝にはそうした影響がないとは言い切れない。

このように『わが半生』は何回にもおよぶ書きなおしという「数奇な運命」をた

どり、現在われわれの前にある。『わが半生』の売れ行きはよく、溥儀の死後も群衆出版社は増刷を何回も行った。しかし、群衆出版社は印税を溥儀の妻である李淑賢《りしゅくけん》に支払うことはなかった。また、『わが半生』は溥儀と李文達の合作であり、李文達の著作権で出版しているという論理を群衆出版社は主張した。このため、李淑賢は溥儀の唯一の法定継承人だと称し、著作権に関する訴訟を起こした。そして、一九九六年に北京市高級人民法院は『わが半生』の作者は溥儀であるとし、李淑賢の主張を認める判決をくだした。『わが半生』の著作権は自明なものではなく、司法による判断をも必要とした点に、この自伝の作成過程の複雑さが反映されている。

本書は基本的には定本を用い、日本語訳はちくま文庫版に依拠している。しかし、灰皮本や全本も参照しつつ、溥儀の事績について考察している。

溥儀の生涯は一九八七年に映画「ラストエンペラー」が公開されたことから、さらに人びとに知られるようになった（日本の公開は一九八八年）。しかしながら、溥儀についての誤解もあるように思える。たとえば、溥儀の姓は「溥」で、名は「儀」だと思っている人がいる。溥儀の姓は愛新覚羅《あいしんかくら》である。また、その人生の数奇さが強調され、さまざまな逸話が語られている。たとえば、清朝滅亡後も紫禁城のなかで豪奢《ごうしゃ》な生活にひたっていたとか、満洲国時代に妻の譚玉齢《たんぎょくれい》は日本人により毒殺されたなど。こうしたエピソードの真偽を追究する意図は本書にはない。

　多くのゴシップにまみれて溥儀の生涯は語られているが、溥儀に関する研究は近年めざましく進展している。かつては『わが半生』の記述を主要史料としていたが、溥儀について述べた史料の発掘があいついでいる。関東軍司令官らとの会見を記録した「厳秘会見録《げんぴかいけんろく》」▲が発見されたことから、満洲国における溥儀の政治的立場をより知ることができるようになった(中田二〇〇五)。外務省外交史料館や防衛省防衛研究所図書館に所蔵されている溥儀関係の史料の発掘、分析も進められている。中国では溥儀の側近であった鄭孝胥《ていこうしょ》の日記が出版され、溥儀周辺の状況が明らかになった。以前の溥儀像はその傀儡《かいらい》性を強調してきたが、近年の研究は溥儀なりの主体性、状況刷新への取組みを明らかにしている。

　溥儀を二十世紀の激動のなか、中国大陸に生きた一人の人間としてとらえ、従来の溥儀像に対して、つねに批判の目を向けることを心がけて本書は書かれ

▼**「厳秘会見録」**　溥儀の通訳であった林出賢次郎《はやしでけんじろう》が、溥儀と日満両国高官との会見内容について筆記した記録。溥儀の言動をなまなましく記録しており、溥儀の政治的発言を知るうえでは第一級の史料。戦後しばらく林出家に保管されていたが、一九八七(昭和六十二)年に外務省外交史料館に寄贈され、他の関係文書とともに「林出賢次郎関係文書」として所蔵されている(七四ページ写真参照)。

ている。

なお、本書では溥儀の年齢は誕生日時点での満年齢で記述している。溥儀の言動に関する引用文は『わが半生』からのものである。文中にあげた典拠文献の詳細は巻末の参考文献を参照していただきたい。

①—清朝の皇帝として

祖父や父のこと

康熙帝《こうきてい》▲、雍正帝《ようせい》▲、乾隆帝《けんりゅう》▲の時代、清朝《しんちょう》は盛世を誇ったが、十九世紀にはいると衰退を示していた。咸豊帝《かんぽう》▲の治世は、太平天国《たいへいてんごく》の乱《らん》による国内の疲弊、西欧列強の勢力拡大という内憂外患に苦しんでいた。一八五六年のアロー号事件▲に端を発したイギリスとの紛争は収束せず、フランスも加わり、翌五七年十二月に英仏連合軍は広州《こうしゅう》を占領する。その後も紛争は続き、一八六〇年に英仏連合軍は北京《ペキン》に攻めいった。咸豊帝は熱河《ねっか》へ逃れ、翌一八六一年に、北京へ戻ることはなく熱河で死去した。

溥儀をめぐる状況を理解するには、溥儀が生まれる約四〇年前に起きた咸豊帝の死去、同治帝《どうち》▲の即位にまでさかのぼって説明する必要がある。

熱河で病床に伏せていた咸豊帝は、臨終の際に三人の御前《ごぜん》大臣と五人の軍機《ぐんき》大臣を呼び、息子同治帝の補佐を命じた。同治帝はこのとき数え年で六歳にすぎなかった。同治帝の母親が、これ以後絶大な権力をふるう西太后《せいたいごう》である。西

▼**康熙帝**　在位一六六一～一七二二年。清朝の第四代皇帝。

▼**雍正帝**　在位一七二二～三五年。清朝の第五代皇帝。

▼**乾隆帝**　在位一七三五～九五年。清朝の第六代皇帝。

▼**咸豊帝**　在位一八五〇～六一年。清朝の第九代皇帝。

▼**アロー号事件**　一八五六年に清朝官憲《かんけん》がホンコン籍のアロー号を臨検し、海賊容疑で船員(中国人)を拘束した事件。広州イギリス領事のハリー＝パークスは清朝に抗議したが、清朝は船員拘束は正当だと反論し、問題はこじれた。パークスが広州周辺の清朝砲台を占拠すると激烈な排外運動が起こり外国人居留地《きょりゅうち》が焼き払われた。一八五七年にイギリスはフランスと共同派兵し、広州を占領した。

▼**同治帝**　一八五六～七五年。在位一八六一～七四年。清朝の第十代皇帝。

奕譞（醇親王）

西太后

溥儀関係略系図（数字は皇帝の代数）

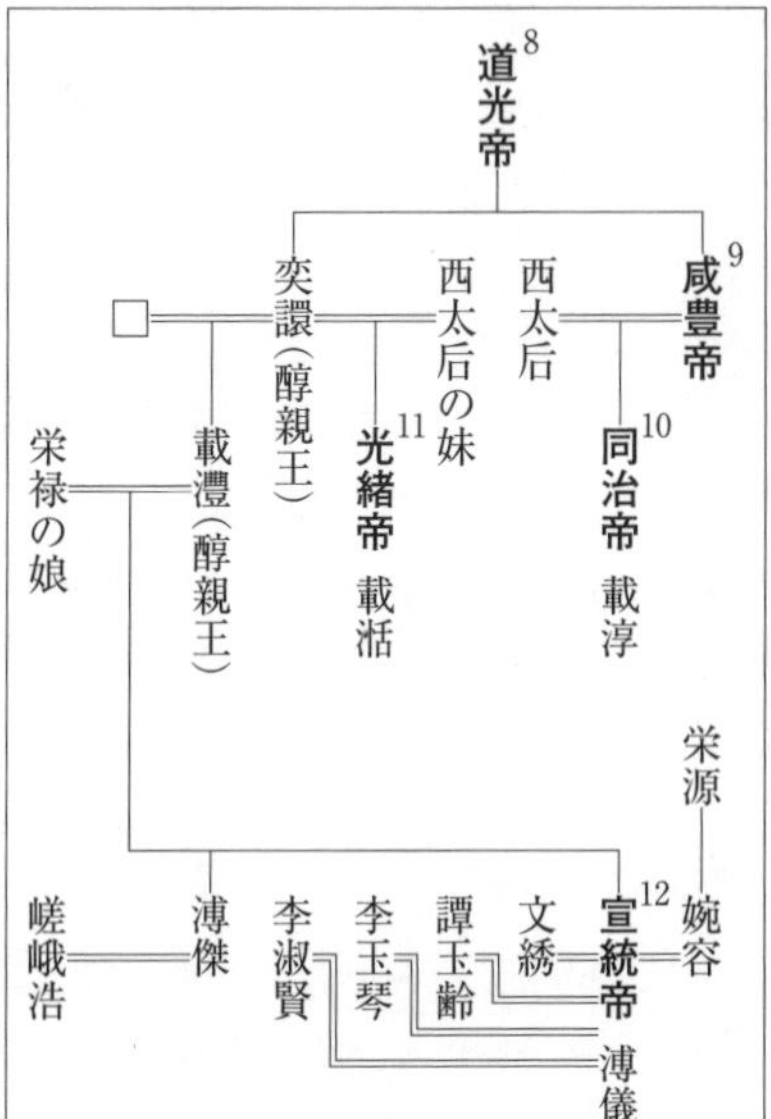

太后は后妃《こうひ》選抜試験で選ばれ、一八五二年に宮中《きゅうちゅう》にはいった。そして一八五六年に咸豊帝の長子（のちの同治帝）を出産した。

咸豊帝が補佐を命じた大臣のなかで、もっとも影響力をもつ人物は肅順《しゅくじゅん》▲であった。肅順の専横的な振舞いに西太后は不安をつのらせた。西太后はひそかに北京と連絡をとり、咸豊帝の亡骸《なきがら》が北京に運ばれる途中で肅順を捕えることに成功した（辛酉政変《しんゆうせいへん》）。溥儀の祖父奕譞《えきけん》▲は肅順を捕えるときの活躍により、西太后から高い評価を受けた。肅順は処刑され、西太后による垂簾《すいれん》政治（幼帝にかわり皇太后《こうたいごう》が政治を行うこと）が始まる。このとき（一八六一年）から死去する一九〇八年まで、光緒《こうしょ》帝親政による中断はあったものの、清朝の実権は西太后が握っていたと称してもよい。奕譞は西太后に気にいられ、出世していく。醇親《じゅんしん》王《のう》に封じられ、さらに西太后の妹と結婚し、奕譞は西太后を補佐する有力な親王となる。

同治帝が子どもをもうけることなく一八七五年に死去すると、醇親王家には更なる栄誉がめぐってきた。清朝ではあらたな皇帝は下の世代から選ぶのが原則であった。つまり同治帝の世代は名前に「載」がつく世代（同治帝の名は載淳《さいじゅん》）

▼**肅順**　一八一六〜六一年。咸豊帝の側近として政界に影響力を拡大した。一八六一年に咸豊帝が死去すると、西太后との対立を深めた。西太后は肅順の排除に成功し、肅順は北京で斬首された。

▼**奕譞**　一八四〇〜九一年。道《どう》光《こう》帝の第七子。咸豊帝の弟。初代の醇親王に封じられ、軍機大臣などの要職を歴任。息子には載湉《さいてん》（光緒帝）、載灃《さいほう》（二代醇親王、溥儀の父親）がいた。

光緒帝

なので、それより下の「溥」がつく世代から選ばなければならなかった。しかし、そうなると新帝と西太后の血縁は遠くなり、皇帝の母親である皇太后ではなく、その祖母である太皇太后《たいこうたいごう》となってしまう。これでは垂簾政治を行う根拠は薄くなる。西太后は思慮をめぐらし、同治帝と同じ「載」がつく世代から新皇帝を選ぶことにした。そして自分の妹の夫である醇親王奕譞に目をつけ、その息子である載湉《さいてん》を皇帝に指名した。載湉は即位して光緒帝となる。このとき数え年で五歳であった。ここに醇親王奕譞は皇帝の父親となった。しかし奕譞はこうした状況に慢心することなく、つねに西太后の意向をくみとり、虚栄に走らず一八九一年に死去した。

西太后による清朝の原則をゆがめた光緒帝の擁立という事態は、以後の皇位継承のあり方を流動化させた。原則的には光緒帝の子どもから次の皇帝は選ばれるはずであった。ところが光緒帝も世継ぎをもうけなかった。それゆえ、多くの皇族のなかから、清朝の事実上の最高権力者である西太后が新皇帝を指名するという方向へと進んでいった。

光緒帝は幼かったことから、西太后による垂簾政治は続いた。だが、一八八九年に光緒帝は結婚を機に親政を始めたので、西太后は紫禁城《しきんじょう》▲から頤和園《いわえん》に移り政治から引退した。親政を始めた光緒帝は、傾きつつある清朝には改革が必要だと考えるようになった。一八九八年に光緒帝は改革を主張する若い康有《こうゆう》為《い》や梁啓超《りょうけいちょう》を登用して、明治日本を範とする政治改革の断行に踏み切る(戊戌《ぼじゅつ》の変法《へんぽう》)▲。しかし、あまりに性急な改革に疑問、反対の声が高まった。反対派の攻勢により孤立化した康有為らは、軍事力を行使して西太后や守旧派を捕え、改革の障害を除去する計画を立てた。このとき康有為らが頼りにした軍人は袁《えん》世凱《せいがい》▲であった。袁世凱はその計画に表面的には賛意を示したが、裏面では西太后側近の栄禄《えいろく》に康有為らの企みを告げ、彼らを裏切る行動にでた。栄禄から康有為らの計画を聞いた西太后は激怒した。頤和園から紫禁城に出向き、光緒帝を問いただした。そして光緒帝にかわり、ふたたび西太后が政治を行うことを宣言した(戊戌の政変)。改革はわずか一〇〇日ほどで終焉した。光緒帝は幽閉され、二度と表舞台にでることはなかった。

　康有為らの意見に惑わされ、代々受け継がれてきた清朝の政治制度を変更しようとした光緒帝の行いを、西太后は許せなかった。光緒帝を廃して、あらた

▼紫禁城　明《みん》朝・清朝が宮殿《きゅうでん》とした北京にある歴史的建造物。故《こ》宮《きゅう》とも呼ぶ。元《げん》朝のときに建設され、明の永楽帝《えいらくてい》が改築した。

▼戊戌の変法　康有為は明治維《い》新《しん》を模範とした政治改革を唱え、その主張は「変法」と呼ばれた。康有為の周囲には梁啓超・譚嗣同《たんしどう》らが集まり、光緒帝に「変法」の必要性を説いた。光緒帝は一八九八年にその意見をいれ、若手官僚の抜擢、科挙《かきょ》の改革など多くの改革を命じた。しかし、反対も強く、改革はゆきづまった。

袁世凱

に載漪《さいい》の息子の溥儁《ふしゅん》を皇帝にしようと西太后は考えた。そうしたさなか、外国人を排斥する義和団《ぎわだん》▲の活動が山東《さんとう》省を中心に拡大した。西太后や載漪は、義和団による外国人への攻撃を支持する方針を表明した。義和団の行動は、一九〇〇年には北京に侵入して外国公使館を包囲するまでにエスカレートする。包囲された外国公使館を救うため、イギリス・日本などの八カ国連合軍が北京に侵攻して義和団と戦い、その排除に成功した（義和団事件▲）。北京は連合軍により占領され、西太后は西安《せいあん》へ逃亡した。

載漪は義和団事件の首謀者の一人とされ、新疆《しんきょう》への流刑という処罰を受けた。それゆえ息子溥儁が皇帝となる計画も流れ、次の皇帝が誰になるのか、不確定な状況が続いた。

戊戌の政変による西太后の復活（一八九八年）、義和団鎮圧にともなう外国軍の北京占領（一九〇〇年）という激動は、溥儀の父親である醇親王載灃《さいほう》をめぐる状況にも影響をおよぼした。載灃は初代醇親王奕譞の子どもとして一八八三年に生まれた。母親は違うが、光緒帝の弟である。奕譞が一八九一年に死去したことから醇親王を襲封した。西太后はこの二代目醇親王にも目をかけていた。

▼**袁世凱**　一八五九〜一九一六年。清末・中華民国初期の軍人・政治家。軍人として影響力を拡大し、最後は皇帝即位を宣言したが果たせず、一九一六年に死去。

▼**義和団**　山東省では宗教性の強い拳法《けんぽう》を修練する人が多く、こうした人びとはキリスト教に反対していた。義和拳を修練する人たちを中心に、西欧的な事物に抵抗する義和団が一八九九年に組織された。

▼**義和団事件**　義和団は教会、鉄道、外国人への破壊活動を行った。清朝保守派は義和団支持を表明し、一九〇〇年六月には列強に宣戦布告したが、連合軍の攻撃により義和団は敗北した。義和団事件の事後処理として、一九〇一年に北京議定書《ぎていしょ》（辛丑《しんちゅう》和約《わやく》）が結ばれ、清朝は多額の賠償金を支払うことになった。

義和団（天津）

載灃（醇親王）

義和団事件後、清朝は義和団によるドイツ公使殺害の非を謝罪するため、有力者をドイツに派遣することにした。西太后はこのとき一八歳の載灃を代表に任命した。さらに載灃はすでに婚約していたが、西太后は自分が寵愛する栄禄の娘との結婚を取りまとめた。載灃と結婚した栄禄の娘は、一九〇六年二月に本書の主人公である溥儀を産んだ。そして、一九〇八年に載灃は清朝政権の中枢的ポストである軍機大臣に任命される。このとき、二五歳であった。載灃は高官にのぼりつめたが、周囲の評価はかんばしくなかった。優柔不断であり、何事も果断に処理できないため、その政治的手腕には疑問がもたれていた。

清朝皇帝に即位するまで

西太后は光緒帝の幽閉は解かず、政治の実権を握り続けた。そうしたなか、一九〇八年十一月十三日に西太后は突然立太子《りったいし》の決定をくだした。次の皇帝には、醇親王載灃の子である溥儀が指名された。光緒帝に続き、ふたたび醇親王家から皇帝が選ばれたのである。この十三日から十四日、十五日にかけて、清朝の根幹をゆるがす出来事があいついだ。

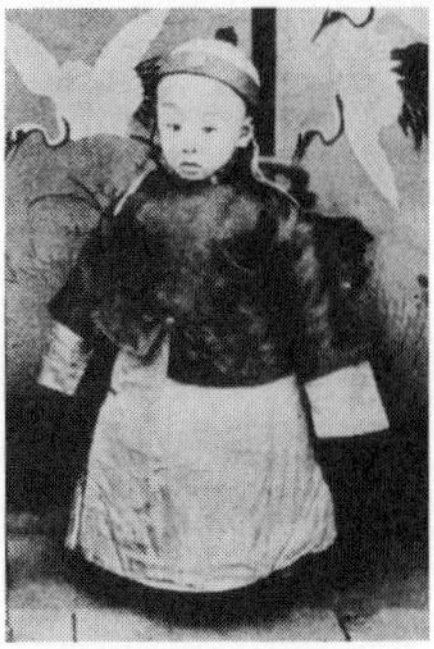
溥儀（二歳）

載灃を含む醇親王家の人びとは、わずか二歳である溥儀への皇帝指名に驚いた。溥儀は載灃につれられて紫禁城へ参内し、最初で最後の西太后との対面を果たした。そのときの印象として、西太后は恐ろしく醜《みにく》いやせた顔をしており、自分はそれに驚いて泣きだしてしまったと述べている。

予想外の次皇帝の指名に紫禁城内が揺れ動くなか、翌十四日に光緒帝が死去した。光緒帝死去の原因についてはさまざまな憶測が存在する。二〇〇八（平成二十）年十一月四日の『読売新聞』は、遺髪の科学的調査から死因はヒ素中毒の可能性が高いという見解を中国の新聞は述べていると報じている。光緒帝が死去した翌日の十五日には西太后が死去した。十一月十三日から十五日までの三日間、紫禁城内外の人びとは激震の日々をすごしたのである。

一連の出来事は多くの謎、疑問を残した。なぜ西太后は幼い溥儀を皇帝に指名したのか、彼女は溥儀を指名したときに死期を悟っていたのか、さらに光緒帝は毒殺されたのかなど、これらの謎は現在でも十分には解明されていない。

有力な仮説は、西太后はあくまで権力にこだわり、制度的には権限のない太皇太后（皇帝の祖母）になっても影響力を行使できるよう、従順な載灃を摂政《せっしょう》▲に

▼**摂政**　皇帝が幼少の際には、皇帝にかわって政治を行う役職。

乾清宮《けんせいきゅう》の玉座に座る溥儀

▼**太子密建制度**　皇帝の在位中は、後継者を公表せず、後継者の名前を書いた勅書《ちょくしょ》を乾清宮の「正大光明」と書かれた額の裏におき、皇帝の死後にこれを開いて次皇帝を決める制度。誰が後継者になるのか皇帝以外は知らないことにより、皇子たちがたがいに切磋琢磨して、皇帝としての力量を身につけることを目的にしていた。

し、幼い溥儀を皇帝に指名した翌々日に西太后は死去してしまい、優柔不断な摂政の載灃と二歳の幼帝が残されたという見解である。

　溥儀が皇帝になった理由は西太后による指名であり、溥儀は生まれながらにして皇帝になる人物ではなかった。当時の清朝宮廷《きゅうてい》をめぐる状況が、溥儀をして皇帝に即位させたのである。こうした皇位継承のあり方は、雍正帝が定めた太子《たいし》密建《みっけん》制度、▲賢子継承制からは大きく逸脱している。清朝の制度的疲労はもはや回復不能に陥っており、溥儀の即位から三年余りで滅亡を迎える。

　十二月二日に即位の大典《たいてん》が挙行され、溥儀は皇帝(宣統《せんとう》帝)となった。載灃は摂政として、衰退する清朝を立てなおす試みを始めた。最初に載灃が取り組んだのは、袁世凱の排除であった。兄である光緒帝を裏切り、戊戌の変法を挫折させた袁世凱を載灃は仇敵《きゅうてき》視していた。また、袁世凱のもつ軍事力が強大になりすぎ、多くの清朝関係者は袁世凱を危険人物だと感じていた。一九〇九年一月に袁世凱は罷免され、一度は政治の表舞台から姿を消した。

載灃は袁世凱の追放には成功したが、西太后時代を生きぬいてきた老獪《ろうかい》な人びととのやりとりに消耗していた。載灃がリーダーシップを発揮できないなか、清朝の改革は進められた。一九一〇年十一月には、国会を一三年に開設することを宣布した。そして一九一一年五月には内閣制度を導入した。ところが、このとき組織された慶親王《けいしんおう》内閣▲の閣僚の多くは満洲《まんしゅう》人であったので、世間からは不評であった。清朝の首脳部は、時代に適合した有効な対応策を打ち出せないでいた。

二歳で皇帝として紫禁城のなかで暮すようになった溥儀は、一般人とはかけ離れた日常生活を送っていた。皇帝は至高な存在であり、常人と同じ暮しはできなかった。両親や兄弟と一緒に食卓を囲み、食事をすることなどは、およそ考えられない行為であった。そもそも、実の父母とあうこともほとんどなかった。実父の載灃とはじめてあったときのことが、『わが半生』には書かれている。「私が皇帝になり、父が摂政王になってからの三年間、私は最後の年になってはじめて自分の父を知った」。「ひげのない見知らぬ男が書房の戸口のところに現われ、私の前に直立した。それが父であった」。そして溥儀の朗読を褒め、二分ほどで退出したという。また、母親とあうことも清朝のときにはなかった

▼**慶親王内閣**　一九一一年五月に組織された中国史上初の内閣。内閣総理大臣には皇族である慶親王奕劻《えききょう》が就任した。民政《みんせい》大臣の粛親王善耆《ぜんき》、度支《たくし》大臣の載澤《さいたく》も皇族であった。内閣総理大臣以下一二大臣(計一七人)のなかで、満洲人は一一人、漢人は六人であった。

と述べている。母親について、「私は三歳で宮中に入り、十一歳ではじめて自分の祖母と母を知った」とし、「私は母たちに会ったが、見知らぬ女が来ただけで、全然親しみが湧かなかった」と記している。溥儀は皇帝として物質的には不自由のない生活をしていたが、親子の情愛を知る機会はなかったようである。

幼少時代に人としての教えを説いたのは乳母だけであったと、溥儀は回想している。乳母は極貧の農家に生まれ、困窮生活を送っていたとき、醇親王府が乳母をさがしていることを知り応募した。体つきが端正で乳が濃いという理由から合格し、溥儀に乳をあたえることになった。溥儀が空気銃で遊んでいたところ、人に向けて撃ったら怪我をおわせることになると乳母は注意した。そのとき、はじめて溥儀は他人も痛みを感じることを知ったとしている。紫禁城のなかで皇帝として生活していると、他人は「しもじもの者」にすぎないという錯覚が生じるとも述べている。人間として大切なことを諭した乳母は、宮中のいざこざにともない、九歳のときに溥儀の前からいなくなった。

清朝皇帝を退位するまで

清朝の打倒、共和制の樹立を目的とする革命運動は、十九世紀末以降、中国国内に広まるようになった。孫文《そんぶん》▲を中心とする革命派はたびたび武力蜂起を試みたが、まだ清朝はそれを封じ込める力をもっていた。また、清朝を満洲人が支配する王朝だとみなし、満洲人を打倒して漢《かん》人による政権を樹立せんとする運動も拡大した。この運動は「滅満興漢《めつまんこうかん》」をスローガンとして、十九世紀末以降急速に広まった。

一九一一年の武《ぶ》昌《しょう》蜂《ほう》起《き》に端を発した辛亥《しんがい》革命▲が始まると、各省はつぎつぎに清朝からの独立を宣言した。清朝は一度は罷免した袁世凱を登用して、この難局を収拾しようとした。袁世凱は革命派の打倒を掲げはしたが、革命派と取引し、みずからの大総統《だいそうとう》就任を条件に、清朝皇帝を退位させることを約束した。袁世凱は清室《しんしつ》の撲滅は考えてはおらず、退位にあたっては清室優待条件をもうけ、これまでと同様に皇帝は紫禁城で生活できると、清朝首脳部に提案した。清朝首脳部は、この提案を退け、あくまで革命派と戦うことを主張する人と、先祖には申し訳ないが、時局の変化はいかんともしがたく、優待条件の受入れ

▼**孫文**　一八六六〜一九二五年。初代中華民国臨時大総統、中国国《こく》民党《みんとう》総理。広東《カントン》省の農家に生まれ、一八七八年に兄を頼ってハワイに移住。帰国後革命運動に身を投じ、一八九五年に最初の武装蜂起をするが失敗。一九一九年に中国国民党を結成し、党総理に就任。死去するまで革命運動に邁進し、「国《こく》父《ふ》」と呼ばれ多数の中国人から慕われている。

▼**辛亥革命**　一九一一年に勃発し、清朝が倒れ、中華民国が成立した革命。一九一一年の干支《えと》が辛亥であることにちなむ。

孫文

武昌蜂起（辛亥革命）

を主張する人に分かれ、見解はまとまらなかった。結局、載灃らは時局挽回策を考えることができず、この袁世凱の提案を受け入れることにした。一九一二年二月に溥儀は退位し、ここに秦《しん》の始皇帝以来続いてきた皇帝制度は終りを迎えた。六歳になったばかりの溥儀は、「わけがわからぬままに退位した」と述べている。

清室優待条件の主要な内容は、退位後も皇帝の尊号は廃止しない、中華民国は年間四〇〇万元を支給する、退位後も紫禁城に住むことができる、従来の宮中使用人はそのまま使ってかまわない、などであった。このため、溥儀が退位して清朝という王朝はなくなったが、以前と同様に溥儀は紫禁城で皇帝として暮し続けた。清朝滅亡という一大事件は、溥儀の日常生活にはさほど変化をもたらさなかったと思われる。

②—中華民国の治政と紫禁城での生活

中華民国の状況

アジアにおいて中華民国ははじめて共和制を採用したが、その歩みは予想以上に困難であった。袁世凱《えんせいがい》は中華民国の臨時大総統《だいそうとう》に就任し、表立っては共和制擁護を唱えていた。しかし、袁世凱は強大な権力をもつ指導者こそが中国をまとめあげ、ゆるぎない統治を行えると考えていた。それゆえ袁世凱の関心は、共和制の推進ではなく、自己の独裁的権力の確立にあった。

中華民国は議院内閣制の導入を試み、国会の開設に着手した。国会開設には国会議員の選出が必要であり、一九一二年十二月以降、中国史上最初の選挙が実施された。専制政治下で暮してきた中国人にとって、適切な選挙を行うことはむずかしかった。たとえば、浙江《せっこう》省の選挙区では買収が横行し、まだ投票が終っていないのに当選者が判明するありさまであった(田中一九九〇)。

選挙運動は革命派出身の宋教仁《そうきょうじん》▲率いる国民党が、優勢に進めていた。袁世凱も共和党を結成して選挙に臨んだが、国民党三九二議席、共和党一七五議席

▼宋教仁　一八八二〜一九一三年。清末・中華民国初期の革命家・政治家。日本留学の経験もあり、法政大学や早稲田大学で学んでいた。

宋教仁

で国民党の大勝に終った。宋教仁ら国民党の勢力拡大を恐れた袁世凱は刺客を放ち、一九一三年三月に宋教仁を暗殺した。袁世凱の共和制を否定するかのような行為に反発する人も多く、同年七月には袁世凱討伐を目的とした第二革命▲が勃発する。だが、この試みは袁世凱の武力の前に敗北した。

第二革命の鎮圧後、袁世凱は独裁的な政治を進め、一九一四年一月には国会の解散を命じた。中国史上初の国会は一年もたたずに終ったのである。袁世凱は中国には皇帝が必要であり、強い皇帝がいなければ中国は混乱してしまうという主張を唱えはじめた。

一九一三〜一四年にかけて袁世凱は清室《しんしつ》優待条件を尊重する姿勢を示したことから、清室関係者は安堵していた。ところが、一九一五年になり袁世凱が皇帝をめざしていることが、誰の目にも明らかになると、紫禁城《しきんじょう》の空気は変わった。中国史上では、あらたな王朝が誕生したときには、以前の王朝の関係者は粛清される歴史が繰り返されてきた。もし袁世凱が皇帝に就任したならば、溥儀たちの生命が安全かどうかは疑問になる。そこで、載灃《さいほう》らは袁世凱に働きかけ、清室優待条件の変更はしないとの約束を取りつけることに成功した。

▼**第二革命**　袁世凱は一九一三年六月に広東《カントン》都督《ととく》の胡漢民《こかんみん》、江西《こうせい》都督の李烈鈞《りれつきん》などの革命派都督を解任した。七月に李烈鈞は江西の独立を宣言し、呼応して南方七省が独立した。しかし、蜂起軍は各地で敗北し、翌八月に第二革命は鎮圧された。

▼**第三革命**　袁世凱の皇帝即位に反対する蔡鍔《さいがく》らは一九一五年十二月に雲南省の独立を宣言し、第三革命が勃発した。孤立した袁世凱は一九一六年六月に死去した。

▼**第一次満蒙独立運動**　辛亥革命により清朝が混乱に陥るなか、東三省では粛《しゅく》親王善耆を、内モンゴルではハラチン右翼旗の王侯グンサンノルブを援助して、「満蒙独立王国」を建設しようとする川《かわ》島浪速《しまなにわ》および一部の日本軍人が企図した謀略。期間は一九一二年一月中旬から、二月二十二日に日本政府が川島に中止を命じるまでだと指摘したい。その後、日本から

購入した武器の輸送が中国側に発見され、鄭家屯《ていかとん》北部で戦闘となり、日本人にも死傷者がでた。しかし、この戦闘は「満蒙独立運動」とはみなせない。

▼第二次満蒙独立運動　日本政府は反袁世凱工作としてバボージャブへの支援を行ったが、袁世凱の死により中止した。にもかかわらずバボージャブ軍は行動を始め、一九一六年八月に郭家店《かくかてん》を占領した。しかし中国軍の攻撃を受け、十月にバボージャブは戦死した。この戦闘も「満蒙独立運動」とはみなせない。

▼満蒙独立運動　「満蒙独立運動」という名称はそもそも同時代には存在せず、満洲事変以降に日本人のなかの大陸拡張主義者が名づけたものである。満洲国建国の前史として「満蒙独立運動」が存在し、そうした運動を継承して満洲国は建国されたのだ、という「物語」がつくられた可能性が高い。

一九一五年十二月に袁世凱は皇帝就任を宣言したが反対の声は強く、反旗をひるがえす勢力は武装蜂起に踏み切った（第三革命▲）。時局は混迷を深めるなか、一九一六年六月に袁世凱は病死し、帝政の試みは収束した。袁世凱の死去を知った紫禁城の人びとのあいだでは、「帝政がいけないのではない。民が求めているのは昔の天子《てんし》さまなのじゃ」という叫びが聞かれたと、溥儀は述べている。

袁世凱の死後も、中国には共和制はなじまない、皇帝による統治のほうが中国には適している、という見解は断続的に主張された。清朝の復辟《ふくへき》をめざす活動も続けられていた。こうした人びとは、宗社党《そうしゃとう》関係者（清朝の皇族関係者）、清朝の遺老、康有為《こうゆうい》などの保皇《ほこう》思想をもつ人びと、清朝にも仕えたが中華民国にも仕えた人びとなど、さまざまであった。これらの人びとは清朝再興という点では共通していたが、どのような方法で復辟するかについては違っていた（胡平生一九八五）。

戦後の日本の歴史学界では、清朝滅亡後に「満蒙《まんもう》独立」・清朝復辟を企図した第一次満蒙独立運動▲（一九一二年）、第二次満蒙独立運動▲（一九一六年）が起こされたという見解がある。しかしながら近年では、これらの事件が「満蒙独立運動▲」

などと称せる実態ではなかったと中見立夫が主張している（中見二〇一三）。一九一六年にバボージャブ▲は内モンゴルで奮戦していたが、紫禁城はその影響を受けていなかったと溥儀は述べている。

（バボージャブによる戦闘の）騒ぎがもっともひどかった数日間、奇妙な現象が現われた。一方で「勤王軍」と民国の軍隊が、満蒙のあちこちでパンパン派手に撃ち合っているのに、他方北京城内の民国政府と清室小朝廷とはあいかわらず慶事があるたびに行き来していたのである。袁世凱が死んだ日から始まった紫禁城内のもりあがった気分は、日一日と高揚し、善耆《ぜんき》や巴《バ》布扎布《ボージャブ》の挙兵・反乱の影響も受けなかったし、まして彼らの失敗の巻き添えをくうこともなかった。

つまり、「満蒙独立運動」と称せるほどの実態を、バボージャブらはつくりだしていなかったと考えられる。

張勲の復辟

袁世凱の死後、黎元洪《れいげんこう》が大総統に、段祺瑞《だんきずい》▲が国務総理に就任して、政局をめぐ

▼**バボージャブ**　一八七五〜一九一六年。内モンゴルのトゥメド旗《き》に生まれる。「パブチャップ」（巴布札布）と表記されることもある。内モンゴルでモンゴル独立運動を行っていた。

▼**段祺瑞**　一八六五〜一九三六年。清末・中華民国に活動した軍人・政治家。袁世凱の死後に勢力を拡大し、北京政界を構成する有力者になる。一九三六年に上海《シャンハイ》で死去。

▼**「府院の争い」**　袁世凱の死後、大総統には黎元洪が就任した。一方、国務総理に就任した段祺瑞は、実権は国務総理にあるという態度をとった。このため大総統府の黎元洪と、国務院の段祺瑞との対立は深まった。両者の対立は第一次世界大戦への参戦をめぐってエスカレートし、一九一七年五月に黎元洪が段祺瑞を罷免したことから頂点を迎えた。

る混乱は表面的には終息した。ところが、黎元洪と段祺瑞の関係はしっくりせず、対立を深めていた(「府院の争い▲」)。一九一七年五月に黎元洪はついに段祺瑞を罷免するという措置にでた。すると黎元洪の予想に反して、段祺瑞擁護を表明する有力者が多数あらわれた。あわてた黎元洪は事態の調停を張勲《ちょうくん》▲という軍人に依頼した。張勲は熱烈な清朝復辟派であり、辮髪《べんぱつ》を切らないでいた人物であった。同年六月に張勲は軍隊を率いて北京を制圧し、清朝復辟の準備を始めた。そして七月一日に清朝の復辟を宣言した。

張勲による復辟はかなり唐突に行われ、有力者の張作霖《ちょうさくりん》▲・段祺瑞・馮国璋《ふうこくしょう》などにも事前に相談していなかった。日本の援助をあてにしていたが、このときの寺内正毅《てらうちまさたけ》内閣は援助を断わっている。復辟の企図があると聞いた載灃は、復辟の実行はかえって清室の立場をあやうくすると判断し、思いとどまるよう説いていた(阿部二〇〇七)。

張勲は溥儀に対して共和制は中国の国情にはあわず、陛下が復位してこそ万民は救われると、皇帝就任を勧めた。しかし、張勲は清朝の皇族が政治に関与することは禁じた。そのため、載灃らは不満であった。張勲は単純にかつての

張勲

▼**張勲**　一八五四〜一九二三年。軍人として清朝に仕えた。辛亥革命後も清朝への忠誠を保ち、辮髪を切らなかった。復辟の失敗後、罪は特赦によりまぬがれたが実権は喪失し、一九二三年に死去。

▼**張作霖**　一八七五〜一九二八年。奉天省を中心に軍人として活動。一九一六年に奉天省を掌握し、一九年には東三《とうさん》省を勢力下においた。一九二〇年以降、北京政界に進出し、他の軍閥と抗争を繰り広げていた。北伐の進展にともない東三省へ引き上げる途中、関東軍により爆殺された。

張作霖

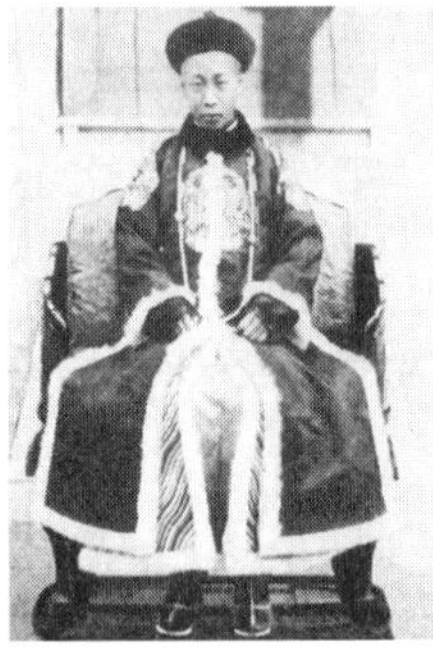

復辟時の溥儀

清朝の復活を企図していたわけではなかったのである。その政策のおもな内容は、立憲君主制《りっけんくんしゅ》の採用、皇族の政治への関与禁止、満洲《まんしゅう》人・漢《かん》人の区別により官僚ポストを決める制度の廃止などであった。張勲は帝政の復活を第一にしており、その際皇帝には溥儀をあてようとしていたと推測される。

このとき一一歳であった溥儀は、突然の復辟劇を理解できないでいた。溥儀は張勲の印象について、「赤黒い顔で、眉毛が濃く、でっぷりふとっていた。その猪首を見ていると、理想にほど遠い気がした」と、好感をもたなかったことを述べている。

段祺瑞は張勲の排除に乗りだした。段祺瑞が張勲討伐の旗幟《きし》を鮮明にすると、傍観的に成り行きをみていた各地の有力者は復辟反対、共和制擁護を唱え、張勲は孤立してしまう。討伐軍の飛行機が紫禁城に爆弾を投下するという、中国内戦史上はじめての空襲も行われ、張勲は追いつめられていった。段祺瑞の攻撃に張勲は抵抗できず、七月十二日にオランダ公使館に逃げ込んだ。ここに復辟は崩壊し、溥儀が玉座に座った期間はわずか一二日間であった。

茶番劇のような張勲による復辟の終了後、今回の復辟騒動の責任は清室側にもあるとの声がだされた。北洋《ほくよう》軍界は清室優待条件の取消しを求める見解を発表する。しかし、段祺瑞や馮国璋などの有力者の意向は異なった。中華民国初期の政界で重要な役職に携わった人は、そのほとんどは清朝期から活動しており、清室に敵意をもつ人は少なかった。段祺瑞は張勲の暴挙を諫めるために挙兵したのであり、清室そのものを滅ぼす目的はなかったと思われる。溥儀は当時の状況を思い返し、「(張勲を討伐した)人びとは本当に復辟に反対だったわけではない。問題はだれが音頭をとるかということだけだったのである」と述べている。こうした雰囲気のなか、復辟にあたっての清室の罪は問われることなく、うやむやにされてしまった。

ジョンストンと内務府の改革

退位後も溥儀は紫禁城のなかの「小朝廷」で、清室優待条件による保護を受けて暮していた。溥儀の日常はおもに中国古典の学習であった。『溥儀日記』には学習内容が記述されている。一九一四年から一五年は『春秋左氏伝《しゅんじゅうさしでん》』▲『礼記《らいき》』▲を学んだとしている。一九一六年から一七年は『聖諭広訓《せいゆこうくん》』『春秋公羊伝《くようでん》』『春秋穀《こく》

▼**『春秋左氏伝』**　春秋時代に関する歴史書『春秋』の注釈書。紀元前七〇〇年ごろから四六〇年ごろまでの歴史について述べている。『春秋公羊伝』『春秋穀梁伝』とあわせて「春秋三伝」と称されている。

▼**『礼記』**　周《しゅう》から漢の時代にかけて書かれた、礼に関する著作を集めたもの。

梁伝《りょうでん》』『易経《えききょう》』などを読み、「立派な皇帝」になる学習を積んでいた。これらの学習は清朝の遺老である陳宝琛《ちんほうちん》▲がおもに講じていた。溥儀は陳宝琛を師として敬愛しており、その後も政治的にむずかしい判断を迫られたとき、陳宝琛から数々の助言を受けていた。

中華民国の治政下、共和制の運営はうまくはいかなかったが、一九一七年にはロシア革命が起こり、一八年には第一次世界大戦が終結するなど、世界情勢は大きく変わっていた。中国国内でも一九一五年に『新青年』が発刊され、儒教《じゅきょう》を批判し、西洋思潮の啓蒙を始めた。魯迅《ろじん》は一九一八年に「狂人日記」を『新青年』に発表し、儒教を原理とする中国の封建《ほうけん》思想は「人が人を食う」ものだと叫んだ。そうしたなか、溥儀の教育内容も中国古典の習得にとどまっていてよいのか、という疑問がだされた。

一九一八年に大総統に就任した徐世昌《じょせいしょう》▲は清室には好意的であったので、溥儀の周辺は安堵した。徐世昌は溥儀が西欧の制度や文化について学ぶことも必要だと考えた。というのは、不安定な共和制が失敗した場合、立憲君主制が樹立される可能性もあり、そのときイギリスのような立憲君主制を溥儀が舵取り

▼**陳宝琛**　一八四八～一九三五年。一八六八年に進士《しんし》となり江西学政《がくせい》、福建鉄路総弁《ふっけんてつろそうべん》などを歴任し、溥儀の帝師《ていし》となった。辛亥革命後も溥儀に仕え、溥儀に数々の助言をした。溥儀の満洲国執政《しっせい》就任には終始反対した。満洲国には参加せず、一九三五年に天津《てんしん》で死去。

▼**徐世昌**　一八五五～一九三九年。清末・中華民国に活動した政治家。科挙《かきょ》の進士に合格し、エリート官僚として清朝の要職を歴任した。一九一八年には第四代中華民国大総統に就任。一九三九年に天津で死去。

することもあると考えたからである。英語の教師として「中国通」で知られたジョンストン▲が、一九一九年に紫禁城に迎えられた。このとき溥儀は一三歳であった。ジョンストンは英語だけでなく、西欧社会のことや紫禁城の外にはさまざまな世界が存在することを溥儀に教えた。溥儀もジョンストンを師として敬い、「陳宝琛はもともと私のただ一つの魂だった。ただジョンストンが来てからは、私にはもう一つの魂が加わった」と述べている。

ジョンストンは溥儀のことを、「とても人間味のある少年で、活発な性質、知性、鋭いユーモアのセンスの持ち主である。さらに礼儀作法が素晴らしく立派で、高慢心とは無縁である」と高く評価している。しかし、ジョンストンは紫禁城という特殊な空間が、溥儀におよぼしている影響についてもみぬいていた。「いつも顔を合わせる大勢の宦官《かんがん》▲や無能な役人たちの影響を断ち切らなければ、残念ながら、今後の人生の数年間、何事もないままこの道徳的な危機を乗り切れるとは思えない」とも述べている(ジョンストン二〇〇五)。

ジョンストンは西欧的な合理主義に基づき、紫禁城内の慣行を批判した。そして溥儀も、それを受け入れる姿勢を示した。たとえば、溥儀が近眼であるこ

▼レジナルド＝ジョンストン　一八七四〜一九三八年。スコットランドに生まれる。オックスフォード大学卒業後、イギリス植民地《しょくみんち》省にはいり、香港《ホンコン》に配属された。一九一九年に溥儀の英語教師となる。一九二五年に溥儀が天津日本租界《そかい》に居住したのを契機に教師を辞任した。その後、ロンドン大学の教授や威海衛《いかいえい》の行政官などをつとめた。一九三八年にスコットランドで死去。

溥儀の英語教師ジョンストン

▼宦官　去勢された官吏。おもに皇帝や後宮《こうきゅう》に仕えた。

とにジョンストンは気がつき、メガネをかけたほうがよいと提案した。側近はメガネをかけた皇帝など、これまでいたことはないと猛反対した。しかし、溥儀はメガネをかける選択をした。また、自分の部屋に電話を引くなど、新しい試みを始める。そして、一九二二年にはついに辮髪を切ってしまった。

ジョンストンは溥儀に伝統的な中国人の枠外にある考え方を伝える一方、宮《きゅう》廷《てい》を管理する内務府《ないむふ》▲の腐敗を激しく糾弾し、「王朝の生き血を吸う吸血鬼たち」と内務府の役人を形容している。皇帝退位後も清室優待条件により溥儀は紫禁城で暮すことが認められたので、宮廷を運営・管理する内務府は存続していた。内務府の役人は辛亥《しんがい》革命後も約一〇〇〇人いたが、一九一四年に約七〇〇人に削減された。また、宦官も約一〇〇〇人おり、内務府は巨大な機構でもあった。内務府は清朝皇室の私産（紫禁城にある財宝、皇室が東三《とうさん》省▲などに所有する土地）の管理もした。私産の所有は清室優待条件で認められていたが、実際にどれだけ私産があるのか、内務府も誰もその詳細を把握していなかった。

溥儀は一六歳のときに、好奇心にかられて建福宮《けんふくきゅう》にある宝物庫をあけさせた。そこには封印してある長持が多数あり、そのなかになにがはいっているのか誰

辮髪を切った溥儀

▼**内務府**　清代に設けられた宮廷事務を行う機関。内務府の機構は大きく、多数の役人がいた。総管内務府大臣（宮内《くない》大臣に相当）が長として管轄した。宦官の管轄も内務府が担当した。

▼**東三省**　盛京《せいきょう》（奉天）・吉林《きつりん》・黒竜江《こくりゅうこう》のことをさす。厳密にはこれらが省となるのは一九〇七年であるが、それ以前でも東三省という語句は使われていた。

も知らなかった。その一つをあけたところ、書画と精巧な玉器がはいっていた。これは紫禁城にある財宝のほんの一部であり、そのとき溥儀は「私はいったいどれくらい財宝を所有しているのだろう」と思ったと述べている。

また、清室は東三省にも広大な私有地をもっていたが、その範囲についてもよく把握していなかった。というのは、広大な土地を管理するには多数の人手が必要なため、現地の人に委託せざるをえず、その管理は粗雑であった。東三省の有力者は清室の管理がおよばないことを利用して、その所有地を払い下げて多額の利益をえていた。一九一五年から二三年にかけて、奉天《ほうてん》省政府は土地の払下げにより一八〇〇万元《げん》以上の収入をえたという記録がある。当時の奉天省政府の財政状況は十分には判明しないが、一九一〇年代後半の歳入は一二〇〇〜一五〇〇万元であったという推計がある。かりにこの数字が正しければ、張作霖を中核とした奉天省政権にとって土地の払下げは重要な財源であったと指摘できる(江夏一九九五)。

清室は莫大な財宝、土地を所有していたにもかかわらず、その財政状況はかんばしくなかった。その第一の理由は、内務府の腐敗が激しく、役人や宦官の手に金は流れていたからである。第二に、中華民国政府は清室優待条件で約束した歳費四〇〇万元を、きちんと払っていない点にあった(陳肖寒二〇〇九)。財政的に苦しかった内務府は、紫禁城が所蔵する財宝の売却や、財宝を担保にした銀行からの借金などで、なんとかしのいでいた(葉秀雲一九八三)。

溥儀はジョンストンからの教育を受け、また一〇代中ごろに達したこともあり、しだいに気がつくようになった。周囲の皇族や内務府の役人は、皇帝とはこうあるべきだ、それは皇帝がすることではない、などと口やかましくいうが、そうした人たちは裏では紫禁城の財宝を盗みだして、私腹を肥やしていることに。そして、これらの人たちは自分個人の人生などには興味はなく、清室優待条件が継続し、現在の生活を保障してくれる存在として、自分をみているにすぎないと思うようになった。すなわち、紫禁城に寄生する人びとが生きていくことに、自分は利用されているだけなのだと。

かかる現実を知ってから、溥儀は紫禁城のなかでのみ通用する「しきたり」に我慢できなくなり、城壁の外側の世界への関心が高まった。紫禁城内には高価な財宝が山とあり、溥儀はそれらの所有者なので莫大な財をもっていた。しか

溥儀が生活していた養心殿《ようしんでん》の前で

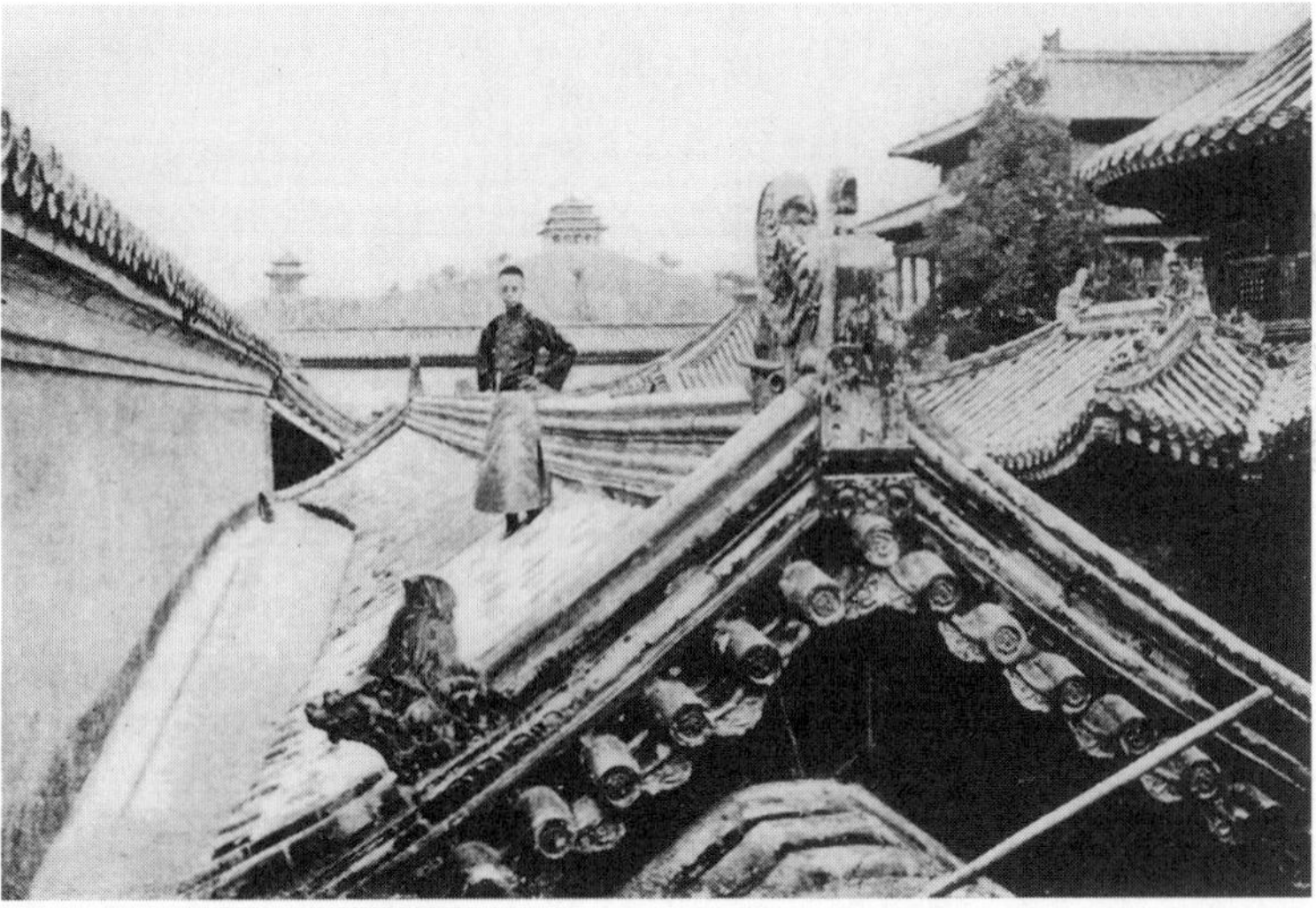

紫禁城の屋根にのぼる溥儀

溥儀と妻の婉容

▼**婉容**　一九〇六～四六年。旗《き》人《じん》(清朝の支配階層を構成した人びと)の栄源《えいげん》の娘として北京に生まれた。婉容の氏族名はダフール族の大姓である「郭博勒」。一七歳のときに溥儀と結婚し、皇后となる。一九四六年に延辺《えんぺん》で死去。

▼**淑妃**　後宮の女性の序列を示す称号。最上位は皇后、ついで貴《き》妃《ひ》、妃《ひ》と続いた。淑妃は妃であり、上から三番目にあたる。

し、紫禁城での生活を牢獄に等しいものと考えるようになった。

一六歳になった一九二二年に溥儀は結婚した。皇后には婉容《えんよう》▲が、淑妃《しゅくひ》▲には文《ぶん》繍《しゅう》がなった。二人の生涯については、ほかにも著述があるので、ここでは詳しくは述べない(王慶祥二〇〇五)。

結婚後の一九二三年に、溥儀はジョンストンの援助のもとで紫禁城からでて、イギリスにいく企てを決行した。だが、宮廷関係者に阻まれ、城門をでることはできなかった。多くの財宝をもちながら、自由はないという不満は、内務府への抵抗へと溥儀を向かわせた。溥儀は内務府に皇帝の私産がどれだけあるのか確認するため、建福宮の財宝を精査するように命じた。点検が始まってまもなくの一九二三年六月に建福宮は火災にあい、焼失した。出火の原因は不明であり、真相究明はできなかった。溥儀は不正を働く宦官が、証拠隠滅のために火をつけたと考えた。翌七月に溥儀は紫禁城にいたほとんどの宦官を追放するという行動にでる。その後数日間、北京《ペキン》の人びとは紫禁城の付近で奇妙な光景をみた。それは、うつろな顔をした宦官が、宮廷にはいって個人の持ち物をまとめ、年齢や勤続年数に応じた交付金を受け取るために順番を待つ姿であった。

さらに溥儀は内務府改革のために、清朝の遺老である鄭孝胥《ていこうしょ》▲を抜擢した。一九二四年三月に鄭孝胥は総管内務府大臣に任命され、因循姑息《こそく》な慣習にひたる内務府の改革をまかされた。しかし、以前からの内務府役人は鄭孝胥のやり方に従わず、やめたり、仕事をさぼるようになった。鄭孝胥は号令をかけるが、何事も解決しないという状況に陥り、わずか三カ月後の六月に総管内務府大臣の職を辞した。鄭孝胥による内務府改革は失敗に終ったが、このことから溥儀は鄭孝胥を側近に加える。鄭孝胥も自己の栄達の手段として、溥儀を利用する関係が形成された。

　溥儀は紫禁城での生活にあきあきしていたが、ここからでることのできない自分にも意気地のなさを感じていた。だが、紫禁城での生活は唐突に終りを迎えた。

▼**鄭孝胥**　一八六〇〜一九三八年。一八八二年に挙人《きょじん》。進士《しんし》には合格できず、李鴻章《りこうしょう》の幕下で活動した。一八九一年に清国公使館書記官として日本に赴任し、九三年から神戸兼大阪領事になるが、日《にっ》清《しん》戦争により帰国。辛亥革命後は上海で隠居生活を送った。一九二四年に溥儀により総管内務府大臣に任命され、以後溥儀の周辺で活動する。一九三八年に長春《ちょうしゅん》で死去。

③—紫禁城を追われて

紫禁城からの退去

袁世凱《えんせいがい》の死後、北洋《ほくよう》軍閥▲は分裂して段祺瑞《だんきずい》の安徽《あんき》派、呉佩孚《ごはいふ》・曹錕《そうこん》らの直隷《ちょくれい》派、張作霖《ちょうさくりん》の奉天《ほうてん》派に分かれ、抗争を繰り返した。数回におよぶ内戦が行われるなか、一九二四年になると、このとき北京《ペキン》を掌握していた呉佩孚・曹錕(直隷派)に対して張作霖(奉天派)が反旗をひるがえした(第二次奉直《ほうちょく》戦争)。呉佩孚が北上して山海関《さんかいかん》で張作霖軍を迎え撃っていたとき、北京に駐屯した馮玉祥《ふうぎょくしょう》▲はクーデターを決行して曹錕を捕縛し、あらたに黄郛《こうふ》内閣を組織した(北京政変)。馮玉祥は呉佩孚・曹錕らの排除を行ったのである。その後、馮玉祥は張作霖、失脚していた段祺瑞、さらには孫文《そんぶん》をも招致して、今後の中華民国のあり方について相談することを呼びかけた。この渦中で馮玉祥は清室《しんしつ》優待条件を取り消し、紫禁城《しきんじょう》から溥儀を追い出す行動にでた。

段祺瑞・張作霖などの北洋軍閥の有力者は清室に好意的であった。実際、両者は馮玉祥による紫禁城からの溥儀の追出しに、不満を述べていた。しかしよ

▼**北洋軍閥**　袁世凱を中心とした軍事力を起源として形成された。袁世凱の死後、各派に分裂。一九二八年に蔣介石率いる国民革命軍が北京を占領したことから消滅した。

▼**馮玉祥**　一八八二〜一九四八年。清末から軍人として活動。キリスト教の洗礼を受けており、「クリスチャン・ジェネラル」とも呼ばれた。北京政変後、下野《げや》してソ連にいくなど特異な活動をしていた。日本の敗戦後、蔣介石に内戦停止を呼びかけ、アメリカで活動した。一九四八年に帰国途上で船の火災に遭遇し死去。

り若い世代は、旧時代の象徴である皇帝が依然として紫禁城に住み続けることに疑問をもっていた。清室優待条件の廃止が唱えられたのは、このときがはじめてではなかった。一九二二年七月に衆議院議員の李慶芳《りけいほう》は清室優待条件の取消しを主張したが、否決された。同年十二月にも国会では清室優待条件への疑問がだされていた(李坤睿二〇一二)。

北京政変後に組織された黄郛内閣は修正清室優待条件を公布して、以前の優待条件は取り消すことを宣言した。修正清室優待条件の内容は、(1)皇帝の称号は廃止する、(2)中華民国は清室に年間五〇万元を支給する、(3)紫禁城からでること、(4)清室の私産は保護するが公産は民国政府の所有にする、であった。

十一月五日に馮玉祥指揮下の鹿鍾麟《ろくしょうりん》が紫禁城にやってきて修正清室優待条件を示し、溥儀らにすみやかな退去を求めた。鹿鍾麟は断固とした口調で、「私の個人的な意思で命令しているのではない。これは黄郛内閣の命令であり、この背後には民衆の声がある。中華民国が成立して一三年がたつのに、退位した皇帝が紫禁城に住み続けていることに民衆は不満をもっている。今ならわれわれの監督下で安全に紫禁城をでることができる。もし民衆が押しよせてきたら、安全の保証はできない」と述べた。内務府の役人は突然かつ一方的な清室優待条件の修正には同意できない、紫禁城には清室が所有する多数の財宝があり、それらすべてをすぐにもちだすことは無理だと主張した。これに対して鹿鐘麟は、「紫禁城にある財宝は清室の財産ではない。これらは民衆から収奪したものであり、これからは国有になるだろう」と答えた。溥儀らは身のまわりのものだけをもち、父親である載灃《さいほう》の居宅へと移動した。このとき溥儀は一八歳であった。紫禁城の宝物管理は、こののち成立した清室善後委員会が担当することになった。

馮玉祥は清室優待条件の修正、溥儀の紫禁城からの追放を政治改革として位置づけていたらしい。十一月二十二日の日記には、その日の部下への訓話《くんわ》が記されている。そのなかで、「中華民国が成立して以来、政府の高官は民衆に対して何一つしていない。それは紫禁城にいる皇帝溥儀を追い出すことができないことにも表れている。溥儀を追い払うことができなければ、私は革命に献身している人たちに顔向けができない」と述べたと書いている（中国第二歴史檔案館一九九二）。

紫禁城での生活を牢獄と同じだと考えていた溥儀は、思いもよらぬ理由から紫禁城をでることになった。以後どうするのか、溥儀やその周囲は三つの道を考えていた。第一は莫大な財宝と土地をもった平民となる道、第二は修正清室優待条件を撤回させ、ふたたび紫禁城に戻る行動をとる道、第三は外国の援助をえて紫禁城への復帰をはかる道であった。第一の道は誰にも選択されなかった。載灃や内務府関係者は第二の道を、鄭孝胥《ていこうしょ》・ジョンストン・羅振玉《らしんぎょく》▲らは第三の道を主張した。どの道を選ぶのか逡巡《しゅんじゅん》しているあいだに、馮玉祥の軍隊は過激主義・赤化主義にそまっており、溥儀の生命は危険にさらされているとの情報をえた。もはや載灃の居宅にとどまることは安全ではないと溥儀らは判断し、十一月二十九日に警備のすきをみて、北京の日本公使館に身をよせた。

この過程でみのがせない事実は、溥儀の移動を誰が主導するのか、溥儀の側近が争っていたことである。最初はジョンストンの仲介によりイギリス公使館にいく予定であった。しかし途中で鄭孝胥がでてきて、溥儀を日本公使館へつれていくという経緯があった。鄭孝胥は首尾よく溥儀を日本公使館へ導いたが、そこに羅振玉が割り込んできた。溥儀が滞在した日本公使館の階下では、今後

▼**羅振玉**　一八六六〜一九四〇年。甲骨文字、金石学の大家。張之洞の幕下で働く。一九一一年から京都に滞在して甲骨文字の研究に従事した。一九一九年に帰国し、二四年に紫禁城への出入りが許された。満洲国政府では参議府参議や監察院長などの閑職に就任した。一九四〇年に旅順で死去。

羅振玉

どうするのか鄭孝胥と羅振玉が激しく言い争っていたという。最終的には羅振玉が勝利をおさめ、溥儀は天津《てんしん》の日本租界《そかい》にいくことになった(一九二五年二月二十二日)。鄭孝胥は私事をかたづけたいと申し出て、十二月六日に上海《シャンハイ》へ旅立ち、悄然《しょうぜん》として溥儀の前から去った。

天津日本租界へと溥儀を赴かせた背景には、日本側の暗躍があったのではないかとの見解もある。このときの幣原《しではら》喜重郎《きじゅうろう》外相は溥儀を日本の保護下におくことは、あらぬ疑惑が生じるので、なるべく避けたいと北京の芳澤謙吉《よしざわけんきち》公使に指示している(「旧清皇室関係雑件」)。芳澤謙吉は回想のなかで、ジョンストンの求めに応じて外国人政治犯の庇護権を根拠に溥儀を保護したこと、ほどなく溥儀のほうから安全な天津日本租界へ移りたいとの申し出があり、それに対応したと述べている(芳澤一九九〇)。

陸軍はこの件に主導的ではなく、内部には反対者もいた。一九二五(大正十四)年三月四日に陸軍次官は支那《しな》駐屯軍司令官に対して、溥儀の天津入りに際しては渦中にはいらないように指示している。そして、支那駐屯軍司令官は溥儀の天津入りは北京日本公使館の池辺《いけべ》龍一《りゅういち》書記官と羅振玉の連携で行われ、陸軍は関与しておらず、北京歩兵隊長にもなんの知らせもなかったと陸軍次官に報告している(「密大日記」大正十四年)。このとき北京駐在武官であった鈴木貞《すずきてい》一《いち》は戦後の回想のなかで、溥儀が亡命を申し出てきたが自分は反対した。しかし公使館のほうは保護するというので、自分の意見はとおらなかったと述べている(山口一九七四)。

溥儀の保護には北京公使館の一部の外交官は積極的にかかわったが、外務省首脳部や陸軍の関与は限定的であったと考えられる。

馮玉祥の措置については、評価が分かれている。断固として反対したのは胡《こ》適《てき》▲であった。アメリカで学んだ胡適はリベラルな見解を唱え、伝統思想を批判していたが、なぜか溥儀に対しては好感を示していた。『わが半生』には、溥儀は胡適と二回あって話したことが書かれている。胡適は清室優待条件は世間周知のものであり、一方的な廃棄は中華民国の恥辱になると馮玉祥の行為を非難した。これに対して孫文は馮玉祥の行為を支持し、君主制の廃止は時代の趨勢であり、清室優待条件の継続はもはや時代にそぐわないとした。

一九二五年七月に清室善後委員会は溥儀の寝室であった養心殿《ようしんでん》から復辟《ふくへき》を企

胡適

▼胡適　一八九一～一九六二年。アメリカに留学し、コロンビア大学ではジョン＝デューイのもとで学んだ。一九一七年に北京大学教授になり、四六年には北京大学学長に就任。中国共産党政権をきらいアメリカへ亡命。その後台湾に移り、一九六二年に台北《たいほく》で死去。

図した文書を発見し、その内容は康有為《こうゆうい》やジョンストンが溥儀に復辟を勧めるものであったと発表した。このことが公表されると、世間は清室への不満をあらわにし、溥儀の紫禁城への帰還を支持する声は大きく減退した。そして同年十月に故宮《こきゅう》博物院が成立し、紫禁城は博物館となった。

さまざまな勢力との交渉

一九二五年の一九歳から一九三一年の二五歳までを、溥儀は天津日本租界の張園《ちょうえん》と静園《せいえん》（一九二九年七月以降）ですごした。紫禁城をでたことから、旧慣の縛りもかなり減少した。しかしながら、溥儀の周囲はざわついていた。溥儀という特別な存在を利用して、自己の栄達や資金の獲得をはかろうとする人びとが周囲をうろついていた。また、溥儀の側でも復辟の実現に向けて有力者と接触したこともあり、さまざまな人が溥儀の前にあらわれては消えていった。

第二次奉直戦争（一九二四年）後に直隷派は没落し、張作霖の勢力が中央政界では強大になった。一九二五年六月に張作霖は溥儀にあいたいので、天津の宿舎まで来てほしいといってきた。租界をでることに溥儀は躊躇《ちゅうちょ》したが、この申

蒋介石

▼**蒋介石**　一八八七〜一九七五年。軍人を志して日本にも留学し、駐高田連隊に勤務した経歴もある。辛亥《しんがい》革命後は帰国し、革命運動に身を投じる。孫文の死後、中国国民党を掌握し、一九二八年には北伐を達成し、中華民国の指導者となる。日本の敗戦後、毛沢東《もうたくとう》率いる中国共産党に敗北し、台湾に逃れた。一九七五年に台北で死去。

▼セミョーノフ　一八九〇～一九四六年。ロシアのザバイカル州でコサックの父親とブリヤート人（バイカル湖東岸一帯で暮すモンゴル人）の母親とのあいだに生まれた。軍人となり、第一次世界大戦に参加して軍功を立てた。十月革命後は反革命勢力として活動するが、ソビエト軍に敗北。一九四五年八月に大連《だいれん》でソビエト軍に捕縛され、翌四六年にモスクワで処刑された。

セミョーノフ

し出を受けることにした。張作霖は溥儀に対して叩頭《こうとう》し、恭順の意を示した。これを契機に、奉天軍閥《ぐんばつ》の軍人たちとあうことがふえる。そして、これらの軍人は「将来は帝政のみが中国を救えます。現在は群竜がいても頭のない状態であります」と述べ、溥儀の復辟への気持ちを刺激した。

溥儀は張宗昌《ちょうそうしょう》という軍人を支援していた。張宗昌はごろつき上がりの軍人で、紆余曲折をへて張作霖軍にはいった。第二次奉直戦争で軍功をあげたことから、一九二五年に山東軍務督弁《さんとうぐんむとくべん》に任命され、山東を苛酷に統治して悪名を轟かせていた。しかし一九二六年以降、蔣介石《しょうかいせき》▲率いる北伐《ほくばつ》軍に敗北し、苦境に陥ってしまう。このため、溥儀に対して復辟実現のためには資金が必要との手紙を何通も書いていた（張書才一九八二）。溥儀は最初は資金提供をしていたが、やがて側近の陳宝琛《ちんほうちん》らに諫められ、親筆の手紙だけを送ることにした。張宗昌は一九三二年に済南《さいなん》駅で撃たれて死亡した。

ロシア軍人のセミョーノフ▲の支援もしていた。溥儀は「軍人の抱き込み・買収に、私がどれくらい金を使ったのか、どれほどの宝石・玉器を贈ったかは、まったく思い出せなくなってしまった。ただそのうちの相当数を白系ロシア人セミョーノフがもっていったことは覚えている」としている。セミョーノフは「満蒙」地区を奪取して反共政権を樹立し、溥儀を皇帝にするという計画をいだいていた。この計画が実現しなかったことは、現在では誰もが知っている。

溥儀によると、「軍人と連絡をつけ、復辟を支持するという通行証さえもっていれば、多くの人が張園にはいれた。とくに一九二六年からは、部下のいなくなった司令官だの、失意の政客だのが続々とひしめきあうように租界にはいりこんできて、私のお客は増しこそすれ減ることはなかった」という状況であった。そうした客のなかで、溥儀はとくに劉鳳池《りゅうほうち》という人物について記述している。劉鳳池は現代の諸葛亮《しょかつりょう》▲と称されており、彼を重用すれば復辟はすぐにでも成就すると紹介された。劉鳳池は溥儀に自分の力量を吹聴し、有力者を動かすには金が必要だと骨董《こっとう》品や宝石をもっていった。その後もたびたび手紙をだし、溥儀に資金をねだっていた(中国第一歴史檔案館一九九七)。劉鳳池が復辟などできるわけはなく、溥儀に寄生する「政治ゴロ」にすぎなかった。

紫禁城を離れて天津に住むようになった溥儀に対して、清朝の王公たちの影響力は弱まった。溥儀の相談相手は陳宝琛、鄭孝胥、羅振玉が主であった。

▼**諸葛亮**　不詳〜二三四年。三《さん》国《ごく》時代の蜀《しょく》の軍事指導者。字《あざな》は孔《こう》明《めい》。軍事力では劣る蜀を天才的な作戦指導で助け、魏《ぎ》・呉《ご》と渡りあった。以後、中国では傑出した軍師の代名詞となる。

『わが半生』のなかで、羅振玉はよくは描かれていない。羅振玉は溥儀が陳宝琛にあたえた対聯《ついれん》▲が市場で売られていたと報告し、陳宝琛の追落としをはかっていたと述べている。また、溥儀を旅順や日本へつれだすため、黒竜会《こくりゅうかい》▲の日本人を使って発砲事件を起こし、張園が危険なことを示していたと述べている。

この件については、天津の日本総領事館も羅振玉の思惑を探知していた。天津の加藤外松《そとまつ》総領事は溥儀の側近から、一部の人たちが張園の危険性を大げさに吹聴して、溥儀を旅順方面に移そうとしているだけであり、「羅振玉ハ右計画資金調達ヲ口実ニ、帝所有ノ宝石類ヲ金ニ換ヘ利ヲ営マン」としているという情報をえていた(「宣統帝復辟問題雑件」)。

陳宝琛は一貫して清室優待条件の復活、紫禁城への帰還を第一に考えていた。そのために関係者に働きかける必要性は認めていたが、その人選は慎重であり、時がくるのを待つという傾向が強かった。のちに溥儀が満洲国に参加する際には、終始反対の主張を繰り返していた。

鄭孝胥は一九二五年二月二十八日に天津に来て、ふたたび溥儀の側近として活動を始めた。鄭孝胥は復辟のためには外国の援助が必要との考えをもってお

▼**対聯**　対句《ついく》を書いた掛け物。

▼**黒竜会**　一九〇一(明治三十四)年に日本で設立された国家主義者の団体。

り、日本人への接近を試みた。一九二八年九月から十一月にかけて鄭孝胥は日本を訪問して、復辟に尽力してくれそうな人たちと会談している。しかし、溥儀が中国を離れて日本にいくことには反対しており、この点で羅振玉と対立していた。また、軍閥の利用も考えていた。一九二六年に鄭孝胥は有田八郎《ありたはちろう》▲天津総領事と会談した際に、「有力なる軍閥出でて帝を後援する暁《あかつき》には復位を断行する」と発言した。これに有田八郎は世界の歴史をみるに、君主制から共和制に変更した国はあるが、その反対に共和制から君主制に変わった国はない、また軍閥に依拠した皇位は不安定なので、長く皇位を維持することはむずかしいだろう、と返答した。そして有田八郎は鄭孝胥との会談から溥儀の周囲について、「帝周囲の者には陳宝琛、鄭孝胥の如き誠忠の士に乏しからざるも、何れも時世に後れたる老人のみにして、誠意は余りあるも、時勢を洞察し、真に帝の利益を計るの英断に出て得る者無し」と述べている(『日本外交文書』大正十五年第二冊下)。

▼**有田八郎**　一八八四〜一九六五年。奉天領事館、ホノルル領事館勤務をへて、天津総領事になる。田中義一《たなかぎいち》内閣ではアジア局長となり、省内アジア派の中心人物であった。

文繍

天津での生活

天津での溥儀の生活は紫禁城とは違い、行動の自由度は増した。天津に駐在する日本・イギリス・フランス・アメリカ・イタリアの外交官、駐在武官らとの交流、デパートでの買い物など、これまでにない活動を溥儀は楽しんでいた。ところが、その一方で憂愁を深める人がいた。それは淑妃《しゅくひ》の文繍《ぶんしゅう》であった。外出の際、溥儀はほとんど皇后の婉容《えんよう》をつれており、文繍は一人ですごすことが多かった。溥儀の寵愛を失ったと感じた文繍は、当時の中国人には思いもよらない行動にでる。一九三一年八月に文繍は静園をでたあと、もはや戻ることはなかった。溥儀とは離婚することを表明し、弁護士を雇って天津地方法院に訴え出た。この離婚は認められ、文繍は淑妃から一般人へとなった。その後文繍は別の男性と結婚し、一九五三年に没した(『わが半生』では一九五〇年に死去したとあるが、実際の死去は一九五三年である)。

天津での暮しを楽しむ溥儀であったが、財政的には苦しい状況に追いつめられていた。溥儀の手元には多くの財宝や骨董品があったとはいえ、溥儀の贅沢《ぜいたく》な暮しを支えるほどではなかった。溥儀の財政状況がかんばしくないことを知

天津で溥儀が住んでいた張園

天津時代の溥儀

った有田八郎天津総領事は、現状を知るために鄭孝胥と会談した（一九二六年十月）。鄭孝胥は、昨年（一九二五年）は清室公債の利子が三十余万ドル、優待費の一部が四万ドル、張作霖からの献金が一〇万ドルあり、支出は三〇万ドルぐらいであった、そして「本年ニ入リテハ何等ノ収入無ク、支出ノ一方ナル為メ、現在ニ於テハ余裕何程モ無キ状態ニ在リ」と述べている。鄭孝胥の話から有田天津総領事は、溥儀の側近の陳宝琛や鄭孝胥がしていることは経書《けいしょ》▲の講義が中心であり、財政事項には関与していないこと、溥儀の周囲には財政を管理できる人がいないことを知り、その改善が必要だと報告している（『日本外交文書』大正十五年第二冊下）。一九二九年に静園へ移動した理由も家賃問題が関係していた。一九三一年六月に溥儀をたずねた水野錬太郎《みずのれんたろう》▲は静園のようすについて述べ、「極めて質素で普通中流の人以下の住宅」であり、応接室のなかは「質素といはんよりは寧ろ御粗末であった」と描写している（水野一九三二）。

　溥儀は紫禁城での生活とは異なる日常を天津では送っていたが、中国情勢はあらたな段階にはいっていた。孫文の死後、中国国民党のトップとなった蔣介石は、一九二六年七月に打倒軍閥、中国統一をスローガンに北伐を開始する。

▼**経書**　儒教《じゅきょう》で重視されている古典の総称。

▼**水野錬太郎**　一八六八〜一九四九年。内務官僚として活躍し、内務大臣、文部大臣、貴族院《きぞくいん》議員などを歴任。田中義一内閣のとき、辞職をめぐり昭和天皇を利用したという「優諚《ゆうじょう》事件」を引き起こした。

水野錬太郎

張作霖爆殺現場

北京に入城する北伐軍

北伐軍は各軍閥を圧倒し、翌一九二七年には南京《ナンキン》、上海を占領した。そして、一九二八年六月に北伐軍は北京を占領し、蔣介石が中国を指導する立場になった。この間、張作霖は北京からの撤退途中で、関東《かんとう》軍により爆殺された。蔣介石率いる国民政府が勢力を強めたことから、有力軍閥との提携による復辟はむずかしくなった。溥儀らは、外国との提携による復辟しか残されていない状況へと追い込まれていった。

溥儀は蔣介石にはよい印象をもっていなかった。周囲の人たちが蔣介石は過激主義であり、清室を重んじる気持ちがないと語っていた影響もあったが、決定的には東陵《とうりょう》事件の衝撃であった。東陵は河北《かほく》省遵化《じゅんか》県(現在は唐山《とうざん》市)にあり、乾隆帝《けんりゅうてい》と西太后《せいたいごう》を埋葬した陵《みささぎ》である。一九二八年に蔣介石軍の一部が東陵を盗掘し、豪華な副葬品《ふくそうひん》を略奪する事件が起きた。溥儀らは蔣介石に抗議したが、事件関係者の処分はうやむやにされ、副葬品も返還されなかった。ここに溥儀は蔣介石に根強い不満をもつようになった。

▼**関東軍**　日露《にちろ》戦争により日本がロシアからえた南満洲鉄道(長春—大連、略称満鉄)と関東州を警護した軍隊。満洲国建国後は満洲国の防衛も担当した。

▼**熙洽**　一八八四〜一九五〇年。旗人《きじん》であり、日本の陸軍士官《しかん》学校への留学をへて、軍人として活動。満洲国の建国に協力し、財政部総長兼吉林《きつりん》省省長に就任。一九五〇年にハルビンの戦犯収容所で死去。

熙洽

④—満洲国の皇帝として

執政に就任する

一九三一年九月十八日の夜、奉天《ほうてん》郊外での満鉄線《まんてつせん》爆破を契機に、関東軍《かんとうぐん》▲は奉天を占領した。満洲事変《まんしゅうじへん》が勃発したのである。関東軍は九月二十二日に「我国ノ支持ヲ受ケ東北四省及蒙古《もうこ》ヲ領域トセル宣統帝《せんとうてい》ヲ頭首トスル支那《しな》政権」の樹立を決定した。溥儀の周囲はあわただしくなる。

九月三十日に溥儀のもとへ支那駐屯軍司令官香椎浩平《かしいこうへい》があいたいといってきた。出かけていくと、待っていたのは意外にも羅振玉《らしんぎょく》であった。羅振玉は一九二八年に溥儀のもとを離れ、大連《だいれん》で暮していた。羅振玉は熙洽《きこう》▲の手紙をもっており、それを溥儀にみせた。その手紙には、「祖宗《そそう》発祥の地」に来て復辟《ふくへき》の大業をなしとげてほしいとあった。羅振玉は溥儀に東三《とうさん》省の民衆や関東軍は復辟を望んでいると力説した。この羅振玉の申し出に陳宝琛《ちんほうちん》や鄭孝胥《ていこうしょ》は反対したことから、この申し出は断わった。

溥儀擁立の動きを外務省と陸軍も探知していた。九月二十九日に陸軍次官は

土肥原賢二

▼**土肥原賢二**　一八八三～一九四八年。陸軍大学校卒業後、対中国工作に従事する。満洲国の建国、華北《かほく》分離工作では中心的な役割を果たす。極東国際軍事裁判で死刑判決を受け、一九四八(昭和二十三)年に刑死。

張学良

関東軍に溥儀擁立には関係しないよう打電した。十一月一日に幣原喜重郎《しではらきじゅうろう》外相は天津《てんしん》桑島主計《くわしまかずえ》総領事に溥儀擁立などは時代錯誤だと、その中止を求めている。また、蒋介石《しょうかいせき》をトップとする国民政府の使者がやってきて、清室優待条件の復活を考えていると申し出た。溥儀をめぐり、さまざまな勢力がせめぎあっていたのである。

そうしたなか、十一月二日に溥儀は奉天特務機関長の土肥原賢二《どひはらけんじ》▲と面会した。土肥原は溥儀に対して、関東軍は満洲への領土的野心はないこと、張学良《ちょうがくりょう》政権の悪政を正すために決起したこと、溥儀に来ていただき新国家を指導してほしいと述べた。この申し出にどのように対応するのか、十一月五日に陳宝琛・鄭孝胥などが集まり協議した。このとき鄭孝胥は土肥原の申し出を受ける考えに変わっており、慎重さを主張する陳宝琛と激しく言い争った。

溥儀が心を決めかねていたさなかの翌六日の夜、屋敷へ手榴弾《しゅりゅうだん》と脅迫状がはいった果物籠が届けられた。さらに八日夜に天津では暴動が発生した。ここに溥儀は天津での生活に見切りをつけ、満洲行きを決断した。その後、天津桑島総領事は一連の事件は土肥原が仕組んだものであり、「其ノ無謀ナル行動ハ

▼上海事変　一九三二年一月から三月にかけて上海共同租界《そかい》周辺で起きた日中両軍の衝突事件。戦後になり、陸軍軍人の田中隆吉《たなかりゅうきち》は上海事変は陸軍の謀略により起こされたと証言している。

天津を脱出、淡路丸で営口に到着した溥儀

到底我々ノ想像シ得サル処ナリ」と、幣原外相に報告している（『日本外交文書満州事変』第一巻第二冊）。

十一月十日の夜、溥儀は鄭孝胥らと静園《せいえん》をぬけだし、営口《えいこう》に向かった。営口上陸のとき、出迎えの民衆が歓呼の声をあげていると溥儀は想像していた。営口に着き、はじめて「祖宗発祥の地」に降り立ったが、出迎えは少数の日本人だけであった。溥儀は期待を裏切られ、今後の行く末にも不安を覚えた。その後湯崗子《とうこうし》へいき、ついで旅順《りょじゅん》にはいったが、皇帝即位の具体的な話はなく、不安な時間をすごした。この間、羅振玉と鄭孝胥との争いも激化していた。鄭孝胥は関東軍に取り入り、その要求に妥協する姿勢を示した。そして、関東軍から新国家の内閣首班になる確約を取りつけ、羅振玉の排除に成功する。

不拡大方針を主張した若槻礼次郎《わかつきれいじろう》内閣は事態の収拾にゆきづまり、一九三一（昭和六）年十二月に総辞職した。次に成立した犬養毅《いぬかいつよし》内閣は荒木貞夫《あらきさだお》を陸軍大臣にして、満洲での独立政権の樹立を容認する方向へ進みはじめる。しかし、犬養首相は国際関係への配慮からも、穏健な形式での事態収拾を模索していた。犬養首相の努力もむなしく、一九三二（昭和七）年一月二十八日には上海《シャンハイ》事変▲が勃発して日中関係は紛糾してしまった。また、満洲での準備も進み、二月十七日には中国側の有力者が参加した東北行政委員会が成立した。委員長には張景《ちょうけい》恵《けい》▲が就任し、委員には臧式毅《ぞうしきき》▲・馬占山《ばせんざん》・熙洽・凌陞《りょうしょう》らが名を連ねている。

二月二十三日に溥儀は関東軍の板垣征四郎《いたがきせいしろう》▲と会談し、新国家の政体について説明を受けた。板垣は新国家の名称は「満洲国」であり、清朝の復辟ではなく、溥儀は執政《しっせい》として国家元首《げんしゅ》に就任すると述べた。清朝の復辟でないことに、溥儀は激高した。執政は「過渡期の弁法」だと板垣はいったが溥儀は納得せず、三時間以上もの話合いは物別れに終った。溥儀は側近の人たちと相談したが、鄭孝胥は関東軍に協力する考えであったので、執政も皇帝と同じだと主張し、申し出に応じることを勧めた。ここに溥儀も執政への就任を決め、三月一日に満洲国は発足した。鄭孝胥は国務総理に就任し、得意満面であった。それに対して羅振玉は参議の官職しかもらえなかった。

関東軍は中国から分離、独立した満洲国を成立させるにあたって、溥儀にかわるだけの象徴的人物をさがすことができなかった。それゆえ、溥儀およびその側近の意向に配慮する必要があった。しかしながら、新国家を溥儀らだけで

張景恵

▼張景恵　一八七一～一九五九年。張作霖《ちょうさくりん》配下の軍人として活躍。満洲国の建国後、東省特別区長官、参議府《さんぎふ》議長などを歴任し、一九三五年に国務総理に就任した。一九五九年に撫順《ぶじゅん》戦犯管理所で死去。

▼臧式毅　一八八四～一九五六年。日本の陸軍士官学校などで学び、東三省で軍務に従事。満洲国建国後は民政部大臣兼奉天省長に任命されたが、一九三五年には閑職の参議府議長となった。一九五六年に撫順戦犯管理所で死去。

▼板垣征四郎　一八八五～一九四八年。一九二九(昭和四)年に関

東軍高級参謀に就任し、満洲事変では中心的な役割を果たす。その後ヨーロッパ出張を命じられ満洲国から離れたが、一九三四（昭和九）年には関東軍に戻り、三七（同十二）年まで在任した。極東国際軍事裁判で死刑判決を受け、一九四八（昭和二十三）年に刑死。

執政就任式（一九三二年三月九日）

立ち上げることも不可能であった。張景恵・臧式毅・熙洽などの「土着《どちゃく》派」の意向にも関東軍は配慮しなければならなかった。その結果、関東軍は帝政により溥儀らの勢力（「帝政《ていせい》派」）が突出することを恐れ、取りあえず皇帝ではなく執政にすることにした。つまり、執政の採択は関東軍、「土着派」、「帝政派」のバランスをはかったことに起因したのである（樋口二〇一〇）。

三月八日、長春《ちょうしゅん》駅に降り立った溥儀は盛大な出迎えを受けた。群衆の歓呼の声に、ついに待ち望んだときが来たのだと感じた。このとき、溥儀は二六歳であった。だが、すぐに自分がおかれた状況を知るときがやってきた。満洲国組織法には執政は立法権・行政権・司法権を行使すること、官吏の任命、陸海空軍の統帥《とうすい》が決められていた。しかし溥儀には重要案件の相談はなく、主要な公務は日本人の次長がしていることをほどなく理解した。

皇帝に即位する

一九三二（昭和七）年九月十五日、日本側代表の武藤信義《むとうのぶよし》（関東軍司令官）と満洲国側代表の鄭孝胥は日満《にちまん》議定書《ぎていしょ》を調印した。ここに日本は満洲国を承認し、さらに満洲国の防衛は日本軍が担当することになった。満洲国は国家防衛にあたって主導権がないという、独立国としては異例な状況が明確化された。

執政就任から一九三四(昭和九)年三月に皇帝に即位するまで、溥儀の胸中にはさまざまな思いがうずまいていたと推測される。リットン調査団▲とともに行動していた顧維鈞《こいきん》は大連に滞在したとき(一九三二年四月)、突然皇后婉容《えんよう》の命を受けたと称する骨董《こっとう》商人に扮した使者の訪問を受けた。使者は、婉容は日本人の監視下で悲惨な状況にあるので脱出したく、その後には溥儀も脱出する計画なので援助を願いたいといった。顧維鈞は手立てがないことを述べ、この件は終りになった(顧維鈞一九八三)。他の史料で裏づけることはできないが、溥儀は脱出も選択肢として考えていたのであろうか。

小磯国昭《こいそくにあき》▲が関東軍参謀長に就任していたとき(一九三二年八月〜三四年三月)、溥儀は小磯に、自分は満洲三〇〇〇万人の幸福だけでなく、中国四億人の幸福の達成こそ天命《てんめい》のまっとうだと考えている、だから、中原《ちゅうげん》を制覇したく、そのときには満洲は日本に割譲してもよい、と述べた。小磯は溥儀に、かかる重要案件をみだりに口にしてはいけない、といったと自伝に記している(小磯一九六

日満議定書調印式

▼**リットン調査団**　満洲事変、満洲国について調査するために国際連盟が派遣した調査団。

▼**小磯国昭**　一八八〇〜一九五〇年。陸軍次官、関東軍参謀長、朝鮮軍司令官など陸軍の要職を歴任した。一九四四(昭和十九)年七月から四五(同二十)年四月までは

三)。その後、小磯は関東軍から転出したので、溥儀とあう機会はなくなった。ところが、朝鮮総督に就任中の一九四三年六月に溥儀が水豊《すいほう》ダムの視察に安東《あんとう》へ来たとき、対面する機会をもった。このとき、かつて中原にでる志を語っていたが、現在はどのように考えているのか小磯は溥儀に問うた。しかし、溥儀はなにも答えなかったと述べている。

皇帝即位を可能とする政治状況が生まれていた。陸軍中央部は一九三二年八月の異動で、満洲事変を主導した本庄繁《ほんじょうしげる》▲・石原莞爾《いしはらかんじ》▲・片倉衷《かたくらただし》らに帰国を命じ、満洲国への関東軍の関与を弱体化させ、その統制力を強めようとした。また、陸軍内部では満洲国の運営にあたって、日本人官吏が主導しすぎているとの批判もでていた。溥儀を中心とする「帝政派」を強化して、国情の安定をえる案が陸軍中央部には浮上した。「帝政派」も、帝政実施は満洲国の安定をもたらすと陸軍中央部に働きかけていた。一九三三(昭和八)年十二月十九日に関東軍司令官菱刈隆《ひしかりたかし》は、建国二周年にあたる三四年三月に皇帝に即位するよう溥儀に要請した。陸軍中央部は溥儀を権力の中心におくことで関東軍の制御を考え、「帝政派」は皇帝即位により中国人のあいだに満洲国の正統性を高めようと考える

首相をつとめた。極東国際軍事裁判で終身刑となり、一九五〇(昭和二十五)年に服役中に死去。

▼**本庄繁**　一八七六〜一九四五年。一九三一(昭和六)年八月に関東軍司令官に就任し、満洲事変に遭遇した。事変勃発当初は関東軍の全軍出動にはためらっていたが、最終的には承認した。敗戦後の一九四五(昭和二十)年十一月に自決した。

▼**石原莞爾**　一八八九〜一九四九年。満洲事変では中心的な役割を果たす。一九三二(昭和七)年八月に関東軍から参謀本部に転出。日中《にっちゅう》戦争の不拡大を主張したため関東軍に転出したが東条英機《とうじょうひでき》と対立し、一九三八(昭和十三)年に舞鶴要塞《まいづるようさい》司令官に左遷された。その思想は独自の軍事哲学をもち、多くの人の関心を引いている。

『タイム』の表紙(二三巻一〇号、一九三四年)

という、両者の利害一致が皇帝即位の背景にはあった(樋口二〇一〇)。

一九三四年三月一日に皇帝の即位式典が挙行された。式典は二段階に分けて行われた。前半の郊祭《こうさい》では清代《しんだい》までの伝統的形式を踏襲し、溥儀は金竜の刺繍を配した竜袍《りゅうほう》を着て儀礼を行った。後半の登極《とうきょく》式では近代的な要素を取り入れ、陸軍大礼服《たいれいふく》を着て式に臨んだ。満洲国がもっていた、中華《ちゅうか》的な伝統と近代国家的な色彩が併存するという性格をあらわす式典の内容であったといえよう。

溥儀は、二歳のとき(一九〇八年)に清朝皇帝に、一一歳のとき(一九一七年)に復辟した皇帝に、そして二八歳のとき(一九三四年)に満洲国皇帝に即位したのである。即位式典の一週間前、溥儀はアメリカの週刊誌『タイム』の取材を受けていた。一九三四年三月に刊行された『タイム』二三巻一〇号は、溥儀を表紙にし、「自分の治政は天意に従い、周の全盛期を見習って行いたい」というコメントを掲載している。

皇帝即位を受けて、溥儀は日本を訪問することになった。一九三五(昭和十)年四月、溥儀は大連から戦艦比叡《ひえい》に乗船して日本へ出発した。横浜に上陸して列車で東京に向かい、東京駅では昭和天皇の出迎えを受けた。その後、京都、

観兵式に向かう昭和天皇と溥儀（右）一九三五年四月九日、東京代々木。

奈良を訪問して帰途についた。鄭重な日本側のもてなしに、溥儀の気持ちは高まり、「過去の多少の不愉快は、すべて自分の誤解のせいなのだ」と思うようになった。そして、「満洲国皇帝に不忠な者がいれば、とりもなおさず日本天皇に不忠であり、日本天皇に不忠な者がいれば、とりもなおさず満洲国皇帝に不忠なのである」という「日満一体」の考えをもつにいたった。

帰国後の五月二日に、溥儀は「回鑾訓民詔書《かいらんくんみんしょうしょ》」を発布した。その内容は「日本天皇陛下と精神一体の如し」、「友邦と一徳一心、以《もっ》て両国永久の基礎を奠定《てんてい》」するなど、「日満一体」を前面にだしている。現在では「回鑾訓民詔書」の作成過程が明らかにされている。作成の最終段階で溥儀は、昭和天皇を兄弟と慕う表現が不足しているとし、文章、語句に修正を命じた（波多野一九九一）。すなわち訪日、昭和天皇との会見は、溥儀の皇帝としての名誉心を大きく満たす効果を発揮したと指摘できよう。

溥儀のもつ政治的権限

満洲国の政治的実権は関東軍が握っており、溥儀はなんの実権もなかったという理解は広くゆきわたっている。たしかに関東軍は満洲国の政策決定過程において、大きな影響力をもっていた。とはいえ、なんでも関東軍の意のままにできたわけではない。たとえば、一九三五〜三六(昭和十〜十一)年に関東軍は満洲国協和会▲を改組して、満洲国運営にあたっての関東軍の位置を強固にしようとした。一九三六年に植田《うえだ》謙吉《けんきち》関東軍司令官は「満洲帝国協和会の根本精神」を発表し、満洲国皇帝は天皇の意に従って即位し、関東軍司令官は皇帝の後見人であり、重任をおっているという主張を展開した。満洲国皇帝は天皇の意見で即位することや、皇帝より関東軍司令官が上位であるかのような主張は、満洲国官吏から反対を受けた。とりわけ総務庁長大達茂雄《おおだちしげお》は、皇帝は傀儡《かいらい》にすぎなくなると反対した。満洲国官吏の反対により、関東軍による満洲国協和会の改組は挫折した。

「厳秘《げんぴ》会見録《かいけんろく》」(八ページ参照)のなかには、溥儀が政治的な主張や要求をしていたことを裏づける発言がいくつかみられる。一九三五年六月には、皇帝直属の機関である監察院の改革はしばらく見合わせたほうがよいと提言した。監察院とは官吏の非違非行などを監察する機関であり、日本から赴任した品川主計《しながわかずえ》

▼**満洲国協和会**　満洲国に設けられた満洲国住民への教化組織。

は悪習の一掃に尽力し、黒竜江《こくりゅうこう》省省長韓雲階《かんうんかい》や立法院長趙欣伯《ちょうきんはく》の汚職を摘発した。こうした品川の行動には賛否が分かれた。満洲国に協力する中国人を追い出すような職務遂行は穏当ではないという声もあり、監察院をどうするのか議論になった。溥儀は見合わせを提言したが、翌三六年に監察院は廃止された。一九三六年六月には満洲国政府が定年制を導入することについて、導入されれば宮内府勤務の長老がその対象になるので、宮内府の役人については配慮してほしいと述べている。

一九三七(昭和十二)年六月には裁可を保留した案件について、溥儀は次のように述べている。

昨日総理より前民政部大臣呂榮寰《ろえいかん》、文教部大臣阮振鐸《げんしんたく》、其他《そのた》数人に対し申《しん》責《せき》又は処罰を上奏して来ましたが、其理由を見るに、執務上遺憾の点ありとのことで、其内容一切不明であった。それ故、書類を却下して置いた。何となれば、理由を明らかにせず、只《ただ》職務上遺憾の点あったと云うのみでは、裁可すること不穏当と思い、将来に累《るい》を残さぬ様にする積《つも》りで却下して置いた。

中国人官僚の処罰にあたっては容易には裁可しない姿勢を示していたと理解することは、溥儀の政治的主導権を過大視した評価であろうか。

一九三五年五月に鄭孝胥が国務総理を罷免されたときには、強い口調で鄭孝胥を批判していた。鄭孝胥はここ三年間国務院会議において一言も発言しておらず、にもかかわらず新聞紙上に関東軍への不満をもらしており、国務総理として不謹慎だと、溥儀は鄭孝胥を退職させる意向を主張した。そして鄭孝胥は罷免され、かわりに張景恵が国務総理に就任した。

「厳秘会見録」には満洲国政府・関東軍と溥儀との関係が、支配＝従属関係だけでは説明できないことを示す事実もみえる。しかしながら、総体的に考えるならば、溥儀は重要国策の決定にはほとんど関与しておらず、政治的職務ではなく儀礼的な行為がおもな職務であったとまとめられる。

皇帝御用掛《ごようがかり》の吉岡安直《よしおかやすなお》▲による日々の圧力もさることながら、溥儀の日常は一九三五年の日本訪問を頂点にして、陰鬱《いんうつ》な色彩が濃くなっていった。一九三六年四月に興安《こうあん》北省長であった凌陞▲が反満抗日の活動をしたかどで死刑になった事件は、溥儀に大きなショックをあたえた。溥儀は凌陞を「もっとも忠実な

▼**吉岡安直**　一八九〇～一九四七年。一九三五(昭和十)年に溥儀の御用掛となり、溥儀と関東軍とを連絡するパイプ役となる。満洲国崩壊後、溥儀らとともにソ連軍に拘束され、一九四七年にモスクワで死去。

▼**凌陞**　一八八六～一九三六年。ホロンバイル独立運動の指導者であった貴福《きふく》(ダフール人)の子。父貴福とともに満洲国政府に加わり、興安北分省省長に任命された。その後、関東軍や日本人官僚の専横に不満をもつ。モンゴル側に軍事機密を提供したとの嫌疑をかけられ、一九三六(昭和十一)年三月に逮捕され、四月に処刑された。

人物」だと考えており、自分の妹と溥儀の息子とを婚約させる間柄であった。溥儀の日本人への憤りは強く、反面日本人が気にいらないことはしない、という方向へ溥儀を導いていった。

溥儀は自分が掌握する軍隊をつくろうとしていた。護軍《ごぐん》と命名された、旗人《きじん》の子弟や天津時代からの侍従《じじゅう》など三〇〇人で構成される部隊を編成した。おもな任務は溥儀の身辺の警備であった。こうした溥儀の私的な軍隊を、関東軍が容認することはなかった。一九三七年六月に護軍の兵士が大同《だいどう》公園に遊びにいき、日本人と口論になったのを契機に、護軍の兵士と日本人のあいだに殴打事件が生じた。関東軍はこの事件をきっかけに護軍の解体に乗りだした。長尾吉《ながおきち》五郎《ごろう》という日本人が責任者になり、規模の縮小と銃火器はすべて拳銃にすることが強要された。

溥儀の生活

溥儀は非凡な政治的能力や卓越した軍事指導力があることから満洲国皇帝に即位したわけではない。清朝最後の皇帝であったという前歴こそが、溥儀を満洲国皇帝にしていた。こうした事実に溥儀も気づき、儀礼的な政務以外はないため、時間的には余裕のある日々をすごした。起床時間も遅く、側近への懲罰を行うなど、わがままな日々をすごしていた。関東局総長や満洲国の総務長官をつとめた武部六蔵《たけべろくぞう》は、一九三五（昭和十）年九月十二日の日記に、「満洲国皇帝の宮廷内に於《お》ける私生活は随分出鱈目《でたらめ》なるが如《ごと》し。随侍《ずいじ》をなぐるなどは毎日の事の由、金銭にも吝《りん》なるが如し」と記している（古川一九九九）。

すさんだ生活を送る溥儀のそばにいた皇后婉容も、当然ながらその影響を受けた。婉容は不自由な毎日をアヘンでまぎらわすようになった。婉容がアヘン中毒になり、体調をくずしていたことは周知の事実であった。一九三四（昭和九）年六月に秩父宮《ちちぶのみや》が招待された宴席に、人びとの面前にでることのなかった婉容も参加した。そのときのようすを列席した岡村寧次《おかむらやすじ》は、「満洲国皇后は元来ヒステリーで一切表面に出られず、満洲国要人も一人として拝面した者は無かったのに、六月十二日満洲国皇帝が殿下を御招きの午さん会のとき、思いがけもなく皇后がはじめて臨席されたので、一同本当に驚いたのであった。御病気俄《にわ》かに軽快となったとのことであった」と記している（稲葉一九七〇）。

溥儀が生活をしていた緝熙楼《しゅうきろう》

皇帝即位後の溥儀

執務室の溥儀

愛新覚羅溥傑と浩

▼**愛新覚羅浩(嵯峨《さが》浩)**　一九一四〜八七年。侯爵《こうしゃく》嵯峨実勝《さねかつ》の子どもとして生まれた。一九三七年に溥儀の弟の溥傑と結婚。敗戦後に溥傑と別れてしまい、苦難をへて一九四七年に帰国。溥傑の特赦《とくしゃ》後北京《ペキン》へいき、同地で死去。

▼**譚玉齢**　一九二〇〜四二年。北京の旗人の家に生まれた。一九三七年に溥儀の三人目の妻となる。一九四二年に発病し、死去した。溥儀は『わが半生』のなかで、譚玉齢の死には関東軍の陰謀があったと述べている。

一九三七(昭和十二)年十月に婉容と会見した愛新覚羅《あいしんかくら》浩《ひろ》▲(溥傑《ふけつ》の妻)は、「婉容皇后はお年は三十を少し出られたくらい、五尺六寸もある立派なお体格で、そのうえハイヒールをはいておられるとあって、見上げるばかりの上背でした」と述べている。そして、会見後に知ったことだとして、「皇后は阿片《あへん》中毒にかかっておられ、意識が定かでないことも多かったのです。……満洲にこられるまでは阿片もお吸いにならず、皇帝との仲も睦まじくいらっしゃったとのこと。とするなら、この満洲での生活が精神的な負担になられたからでしょうか」とも記している(愛新覚羅浩一九九二)。

溥儀は婉容が文綉《ぶんしゅう》を追い出したと理解しており、それから婉容と話すこともなく、二人の関係はまったくさめていた。そのためか、婉容は側近とのあいだに子どもをもうけてしまった。定本では、婉容には「許しえない行為があった」としている。灰皮本では、婉容は家の使用人と恋愛騒動を起こしてしまい、溥儀は離婚を決意したが、周囲の反対によりできなかったとしている。全本の内容はかなり相違している。一九三五年に婉容は私通によりもうけた子どもを身籠ったことから、溥儀は離婚を決意したが、日本人は許さず、婉容の子どもは

譚玉齢

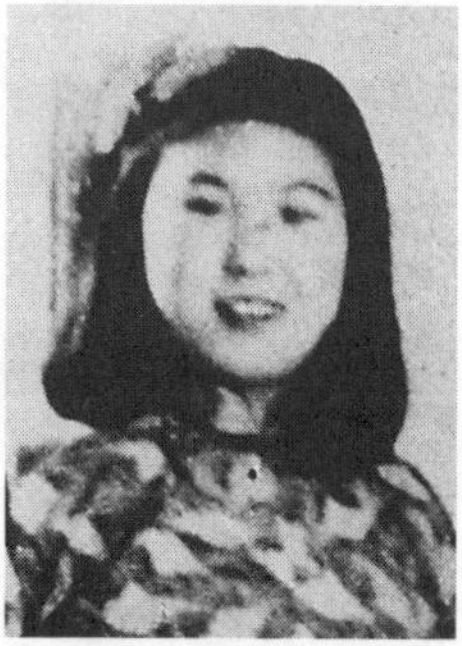
李玉琴

▼李玉琴　一九二八〜二〇〇一年。一五歳で溥儀と結婚した。敗戦後は溥儀との離婚を表明し、長春で暮した。二〇〇一年に長春で死去。

生まれてすぐにボイラーで焼かれたとしている。婉容が溥儀ではない男性とのあいだに子どもをもうけたことは事実だと判断できるが、その書き方は定本、灰皮本、全本では異なることを指摘したい。

　婉容との関係がこじれたことから、溥儀は一九三七年に譚玉齢《たんぎょくれい》▲を妻とした。だが、譚玉齢は一九四二(昭和十七)年に死去した。吉岡安直は日本人を妻にするよう勧めてきたが、溥儀は一九四三(昭和十八)年に李玉琴《りぎょくきん》▲を妻に迎えた。李玉琴は溥儀にとって四人目の妻となったが、満洲国崩壊から一〇年余り後の一九五七(昭和三十二)年に離婚した。

　溥儀には子どもがいなかったことから、関東軍は帝位継承について議論していた。帝位継承法の理解については、いくつかの見解がだされている。帝位継承法(一九三七年三月公布)には、「皇帝の死後は子がこれを継ぐ。子がいないときには孫がこれを継ぐ。子も孫もないときは弟がこれを継ぐ。弟がないときは弟の子がこれを継ぐ」とあった。溥儀には子どもはいなかったので、弟の血筋が帝位を継ぐ可能性が高かった。それゆえ、関東軍は溥儀の弟の溥傑と日本人女性とを結婚させ、日本人の血を満洲国皇帝にいれようとしたと理解されてきた。溥儀も帝位は弟の子が継ぐことになっているので、溥傑が嵯峨浩と結婚してからは、自身の心配は高まったと述べている。

しかし、林出賢次郎《はやしでけんじろう》▲の残した「厳秘会見録《げんぴかいけんろく》」(八ページ・七四ページ写真参照)から、溥儀と植田謙吉関東軍司令官とが交わした「覚書《おぼえがき》」(一九三七年二月十七日)が発見され、帝位継承法の理解は深化した。「覚書」には溥儀が男子をもうけない場合は天皇が後継者を決めると書かれている。帝位継承法が公布される直前に、こうした内容の「覚書」が交わされた事実は、満洲国皇帝の傀儡性を裏づけるものとして評価されてきた(塚瀬一九九九)。

そうしたなか、樋口秀実は帝位継承法の作成過程を明らかにし、そこで問題となっていたのは溥儀の一族である帝族をどの範囲にするのか、であったと指摘した。日本側は「第一世皇帝」である溥儀の子孫だけを帝族とし、清朝との断絶を示したかった。これに対して中国側は、伯叔父の子孫にも継承を認めるべきことを主張した。だが、溥儀には子どもがいないという事実は重く、どのようにするのか議論はまとまらなかった。最終的には帝位継承と帝族範囲は切り離すことにし、帝族については決めないことにした。つまり、弟の溥傑は帝族

▼**林出賢次郎**　一八八二〜一九七〇年。外務省の通訳。一九三二(昭和七)年から三八(同十三)年まで満洲国大使館書記官・執政府行走《そうこう》として溥儀の通訳をつとめた。

▼**皇紀二六〇〇年祭**　神武《じんむ》天皇の即位から二六〇〇年にあたるとされた一九四〇(昭和十五)年に行われた紀念祭。

東京駅で昭和天皇の出迎えを受ける溥儀(一九四〇年六月二十六日)

にはならなかったのである。さらに関東軍は「親族及旧臣共ノ策動」を阻止する方策を考え、「覚書」を作成したと樋口秀実は主張した。そして、「覚書」は帝位継承法に束縛されない超法規的処置ではなく、緊急措置を定めたものであるという新見解を発表している(樋口二〇一三)。

二度目の日本訪問と敗戦

一九四〇(昭和十五)年に日本では皇紀《こうき》二六〇〇年祭▲が挙行されることになり、この機会を使って日満両皇室の紐帯《ちゅうたい》を強化する必要性が唱えられた。そのため、同年五月に溥儀はふたたび日本を訪れた。より日本と満洲国の一体化を示すため、神道《しんとう》の満洲国への導入が行われ、溥儀は三種《さんしゅ》の神器《じんぎ》を持ち帰り、帰国後、建国神廟《けんこくしんびょう》を設けた。

建国神廟の創建は、これまでは日本の満洲国に対する同化《どうか》政策の一つとする理解が強かった。これに対して樋口秀実は、関東軍の主導ではなく、満洲国宮中勢力と満洲国日本人官吏の協力によって行われ、祭神《さいじん》に天照大神《あまてらすおおみかみ》を迎えて、皇帝権力強化のために天皇の権威を使おうという「戦略」でもあったと主張している（樋口二〇一二）。溥儀は建国神廟を利用しているのではないか、という見解は古海忠之《ふるみただゆき》▲も述べており、満洲国政府のなかには気がついていた人もいた（古海一九七八）。

一九四〇年に溥儀は三四歳になり、分別盛りを迎えようとしていた。かつて溥儀を支えた遺老のほとんどは、もうこの世にはいなかった。溥儀がもっとも信頼していた陳宝琛は、満洲国に参加することはなく、一九三五（昭和十）年に天津で死去した。鄭孝胥は国務総理罷免後の一九三八（昭和十三）年に死去した。羅振玉は一九四〇年に旅順で死去した。溥儀は遺老にかわるスタッフを集めるべきであったが、有能な人材を手元におくことはできなかった。人材不足の状況は溥儀も認識しており、一九四〇年ごろになると「私に会うことができたのは、数人の妹の夫と、内廷で勉強していた数人の甥だけだった。当時、私の身辺にはいろいろ考えをめぐらして献策してくれる者がいなくなっており、その若い妹の夫たちには経験もなく、相談してもこれといったものは出てこない」と述べている。

太平洋戦争の戦局がおもわしくないことから溥儀の不安はつのり、その生活

▼**古海忠之**　一九〇〇〜八三年。満洲国建国後、大蔵省からの派遣官吏に選ばれ、満洲国政府に勤務する。総務庁などの満洲国政府の要職を歴任した。敗戦後はシベリアに抑留され、一九五〇年から撫順戦犯管理所に収容された。一九六三（昭和三十八）年に帰国し、八三（同五十八）年に死去。

は荒れたものとなっていた。『わが半生』のなかでは、「私の日常生活は、食うことと寝ることを除けば、次の言葉で概括できた。すなわち、なぐりどなる、占う、薬を飲む、おそれる、である」と述べている。また、不安から仏教にすがり、一日の大半を座禅《ざぜん》や読経《どきょう》ですごすこともあった。

潤いのない生活が続くなか、ついに一九四五(昭和二十)年八月を迎えた。八月九日に山田乙三《やまだおとぞう》▲関東軍総司令官がやってきて、ソ連が日本に宣戦したことを報告した。翌十日には国都を通化《つうか》に移すので、出発の準備をしてほしいといってきた。あわただしく溥儀は二人の妻(婉容・李玉琴)らと皇宮をでて、十三日に通化県の大栗子溝《だいりっしこう》に着いた。大栗子溝は朝鮮と近い、山あいにある炭鉱であった。そして十五日に日本の降伏、敗戦を知った。溥儀は『わが半生』では退位詔書は、十五日に読み上げたと理解できる記述をしている。しかし実際には、十七日夜に満洲国解体に関する会議が開かれ、十八日の夜一時すぎに溥儀は退位詔書を読み上げた。『わが半生』の記述には、時折思い違いの事実が書かれており、他の史料で確認する必要がある。溥儀は三度目の皇帝退位を経験したのである。このとき三九歳であった。

▼**山田乙三**　一八八一〜一九六五年。一九四四(昭和十九)年に関東軍総司令官に就任。ソ連の対日参戦に全面的な抵抗を命令した。しかし、十五日の玉音《ぎょくおん》放送を受け、同日夜半に戦闘停止を命じた。シベリアに約一〇年間抑留された。一九五六(昭和三十一)年に復員し、六五(同四十)年に死去。

溥儀関係地図

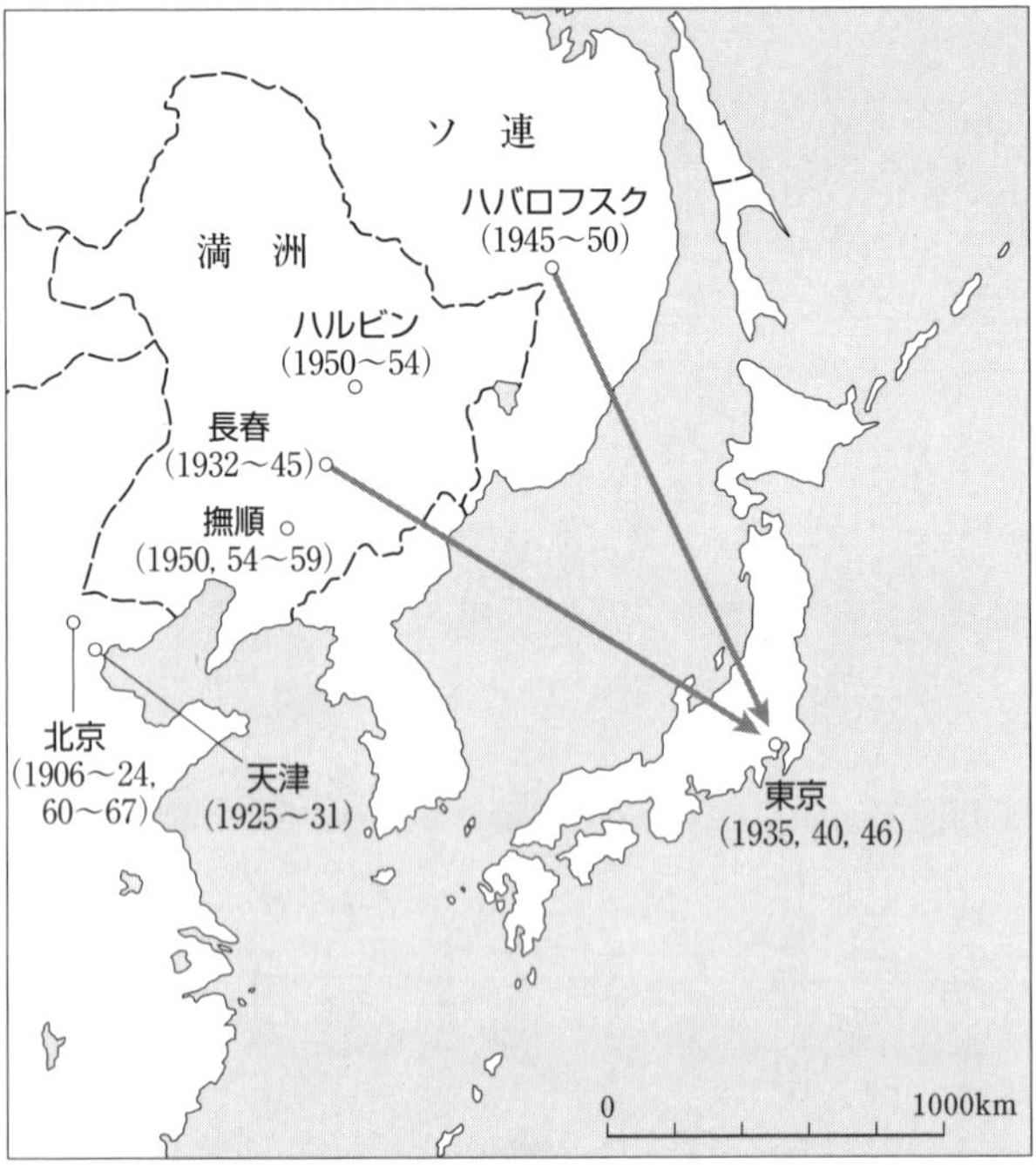

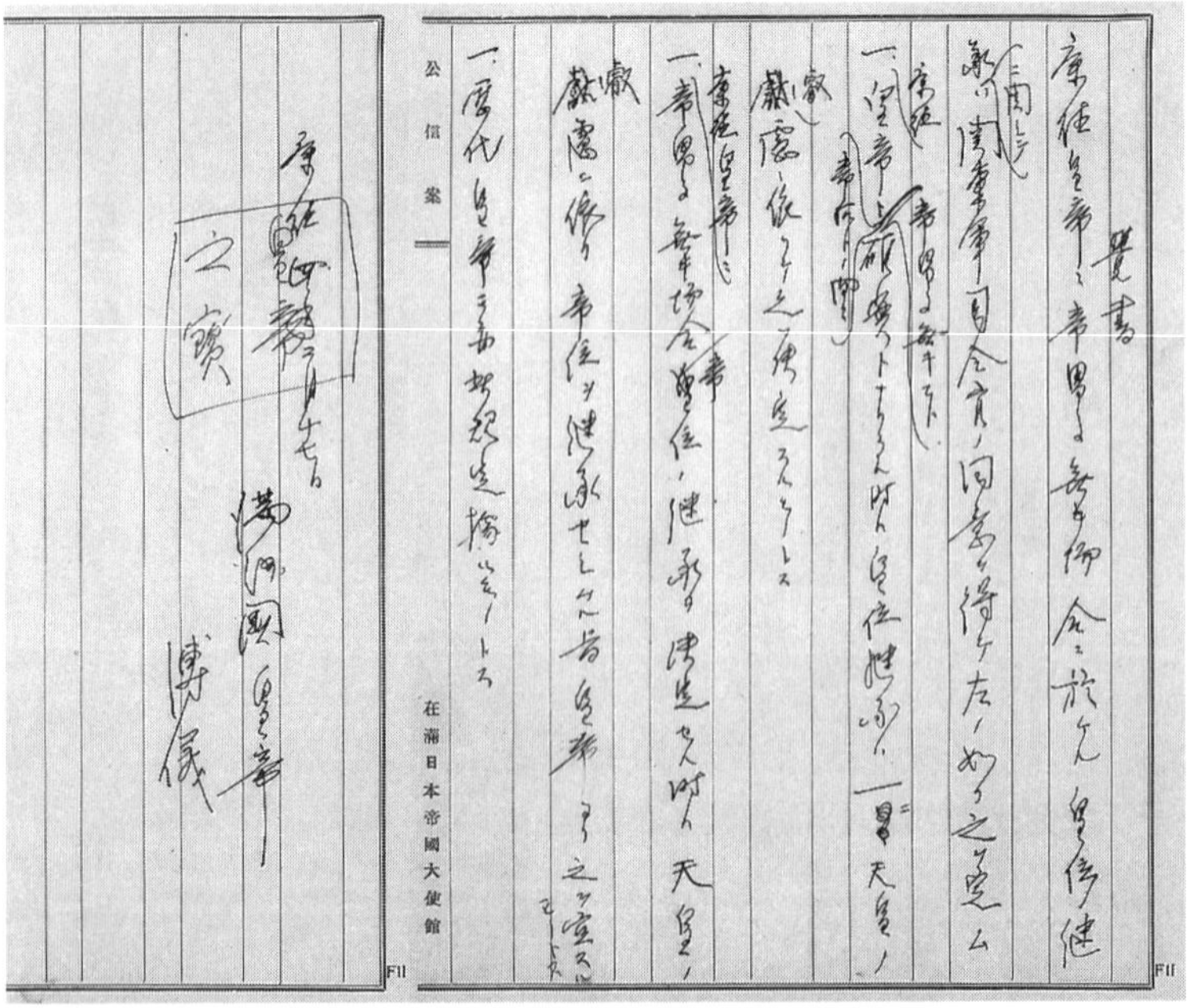

溥儀と植田謙吉が交わした「覚書」(1937年２月17日。「厳秘会見録」より)

⑤—退位から死去まで

ソ連での生活と東京裁判での証言

退位した溥儀は、八月十九日に日本へいくことになった。通化《つうか》から奉天《ほうてん》まで飛行機でいき、奉天から大型機に乗りかえて日本へ向かうという旅程であった。しかし、奉天の飛行場に着いたとき、ソ連軍の飛行機も到着し、溥儀らはソ連兵に拘束された。溥儀が奉天の飛行場に着いたときにソ連軍も到着するという、偶然にしてはできすぎた出来事の裏には、日本とソ連とのあいだに溥儀を受け渡す密約があったのではないか、という見解が存在する。この見解を裏づける有力な証言を、溥儀の侍従《じじゅう》であった李国雄《りこくゆう》がしている。『わが半生』のなかで「大李」と表記されている李国雄は、侍従として長く溥儀に仕え、通化から奉天までの飛行機にも同乗していた。李国雄は日本へいくのになぜ朝鮮方面には飛ばずに奉天へ向かったのか、奉天の飛行場付近で溥儀の飛行機は不可解な旋回を繰り返し、まるでソ連機の到着を待つかのようであったと述べている(李国雄二〇〇七)。これに対して、ソ連兵の回想録に基づき、溥儀の拘束は偶然であったとする見解もあり、結論はでていない（孫思源二〇〇三）。

ソ連軍に拘束された溥儀はまずチタに送られ、手厚い待遇を受けた。ついで同年十月ごろにハバロフスクに移送され、一九五〇年七月に中国へ帰国するまでの約五年間をハバロフスクですごした。

ハバロフスクで抑留生活を送る溥儀が世界の注目をあびたのは、一九四六（昭和二十一）年八月に東京へいき、極東国際軍事裁判▲（東京裁判）に出廷したときである。ソ連がなぜ東京裁判に溥儀を出廷させたのか、その理由についてはあまり明確ではない。満洲《まんしゅう》国は日本の反ソ活動の拠点であったことを強調すること、あるいは満洲国で行われた蛮行を世界に知らしめ、戦勝国としての立場を有利にすることが目的であったという見解が有力である。定本では削除されているが、灰皮本では東京までの飛行機のなか、溥儀は心配でたまらなかったと述べている。それは、飛行機は実は東京へいくのではなく、中国をめざしており、蔣介石《しょうかいせき》政権に引き渡されるのではないかと思ったからである。

溥儀は八月十六日に初出廷し、十九日、二十日、二十一日、二十二日、二十三日、二十六日、二十七日の合計八日間証言台に立った。十六日はこれまでの

▼**極東国際軍事裁判**　一九四六（昭和二十一）年五月から四八（同二十三）年十一月にかけて行われた、連合国が日本の政治指導者などを裁くために設置した裁判。東《とう》条《じょう》英機《ひでき》など二八人が被告人となり、病死者二人、免訴者一人を除き二五人が有罪判決を受けた。土《ど》肥原賢二《ひはらけんじ》・広田弘毅《ひろたこうき》・板垣征四郎・木村兵太郎《きむらへいたろう》・松井石根《まついいわね》・武藤《むとう》章《あきら》・東条英機の七人には死刑判決がくだされた。

東京裁判で宣誓する溥儀（一九四六年八月）

経歴について述べた。そのなかで、「私は実際は愛新覚羅《あいしんかくら》の本当の子ではありませんでした。言わば養子みたいになって皇位を継承するようになったのであります」と述べている。推測するに、皇帝即位は西太后《せいたいごう》が決めたことであり、血筋的には正統ではないと主張したかったのであろう。また、板垣征四郎《いたがきせいしろう》から満洲国の領袖《りょうしゅう》になるようにいわれたときには拒絶したが、拒絶するならば生命の保証はできないといわれ、応ずることにしたと述べた。つまり、溥儀はみずから希望して執政《しっせい》になったわけではないことを強調したのである。

八月十九日の証言では、関東軍《かんとうぐん》や日本人官僚の横暴さを象徴する事件として、凌陞《りょうしょう》事件（六四ページ参照）を事例に証言した。凌陞は日本人への不満を口にしたことから注意人物にされ、「一種の見せしめ」として死刑になったと述べた。満洲国時代に起きた多くの事件のなかで、わざわざ凌陞の死刑を取り上げたことに、この事件が溥儀にあたえた影響の強さを読みとりたい。

溥儀は一貫して執政、皇帝という地位にあったが、実際の権限はなにもなく、日本人官僚や関東軍が満洲国を運営していたと証言した。それゆえ、自分は満洲国の政治に関与しておらず、満洲国での事案に責任はないことを強調した。

こうした溥儀の証言に日本人の弁護人たちは憤慨した。南次郎《みなみじろう》の弁護人であった岡本敏男《おかもととしお》や星野直樹《ほしのなおき》の弁護人であった藤井五一《ふじいごいち》は、溥儀も満洲国の政治にかかわっていた点を引きだそうと質問を繰り返した。藤井五一は溥儀が満洲国の日本人官吏はアヘンの栽培を奨励していたと証言したことに反駁《はんばく》を試み、満洲国は学生や軍人にはアヘンの吸飲を厳禁させていた、厳禁していたにもかかわらず、政府高官の臧式毅《ぞうしきき》や孫其昌《そんきしょう》はアヘンの吸飲をやめなかったではないか、と溥儀を責め立てた。しかしながら、裁判長によりそうした質問は不適切だと退けられた。

戦時中に右翼運動を行った嫌疑から、笹川良一《ささがわりょういち》はA級戦犯容疑者として巣《す》鴨《がも》プリズンに収監されていた。溥儀の証言内容について知ると、その日記に「満洲皇帝溥儀氏の証人として立てるや実に見下した人物。溥儀は不義である。阿諛迎合《あゆげいごう》の証言なり。三文奴《さんもんやっこ》なり。然《しか》るが故《ゆえ》に彼廃帝となる」と書き、憤懣《ふんまん》をあらわにしていた(笹川一九九七)。

長年溥儀に仕えた工藤忠《くどうちゅう》▲は東京裁判での溥儀について、その答弁は日本人に対して不愉快なものであったとしながらも、「軍に対する不満であって、日

▼**工藤忠**　一八八二〜一九六五年。東京での学生生活中に大陸への関心を高め、中国を流浪。溥儀が天津《てんしん》から脱出する際に同行し、満洲国建国後は溥儀の侍衛長をつとめた。もともとは工藤鉄三郎《てつさぶろう》という名前であったが、溥儀から「忠」の名前をあたえられ、工藤忠と称した。

本皇室や日本人に対する憎悪ではない」と解釈している(工藤一九五二)。国民政府は溥儀や満洲国関係者の引渡しをソ連に求めていたが、ソ連は返答を引き延ばしていた。第二次世界大戦終結後に生じた米ソ対立、国共内戦のなかで、ソ連は溥儀らをどのように利用するのか、機会を待っていたと思われる。このため、ソ連はシベリアに抑留された日本人がしていたような強制労働を、溥儀らには課していなかった。ハバロフスクでの生活の大半は娯楽であり、夕食後の自由時間の状況について、溥儀は次のように書いている。

廊下の一方の端では数組がマージャンをし、もう一つの端の窓ぎわでは、空に向かって合掌し、大声で「南無阿弥陀仏《なむあみだぶつ》・観世音菩薩《かんぜおんぼさつ》」と唱えている者がいる。二階の日本人戦犯のところからは、「ウー、ウー、ウー」と日本の謡曲が聞こえてくる。もっと風変りなものとしては、文字占いを始める者もあった。まわりに人が群がって、いつ帰れるか、家に何か起こっていないかなどとたずねた。またある者は寝室のなかでこっそり神降ろしをした。

うかがいたてたことは、帰国に関することばかりだった。

こうしたなかで、溥儀は「私は大半自分の部屋にいて、手持ち財産の値ぶみをし、金剛経《こんごうきょう》を唱えたりしていた」と述べている。

溥儀はもはや皇帝ではなかったが、日常生活の世話は甥たちがしており、自分ではなにもしていなかった。他の抑留者との交流は避け、超然とした生活を送っていた。そして、力をそそいだことは、ソ連当局に手紙を書いてソ連にとどまる許可をえることであった。もし中国へ送り返されたならば、処刑されると溥儀は考えていたからである。溥儀は一九四六年一月、四七年十二月、四九年七月の三回にわたり、ソ連当局に手紙をだしている。このうち、二回目と三回目の内容はロシアの文書館を調査した孫思源が明らかにしており、ハバロフスクでの処遇に感謝をあらわし、こうした国にとどまりたいと述べている(孫思源二〇〇三)。

しかしながら、溥儀の希望は実現しなかった。一九四九年十月に中華人民共和国が成立し、毛沢東《もうたくとう》らはソ連に溥儀の帰国を求めた。ここにソ連に残された対応は、溥儀らを返還することしかなかった。

中国への帰国と特赦

一九五〇年七月三十一日に溥儀ら満洲国関係者を乗せた列車は、中ソ国境の綏芬河《すいふんが》駅に着いた。溥儀の胸中は、すぐにでも処刑場につれていかれるのではないかという恐怖で一杯であった。列車は撫順《ぶじゅん》に着き、溥儀らは撫順戦犯管理所▲に収容された。朝鮮戦争の影響により、同年十月から一九五四年まではハルビンに移動したが、溥儀は五九年十二月に特赦《とくしゃ》になるまでの約九年間、中国共産党の指導下で教育を受けた。撫順に着いたとき、溥儀は四四歳であった。

撫順戦犯管理所で溥儀は生まれてはじめて、身のまわりのことを自分ですることになった。さらに、皇帝としてではなく、一人の人間として扱われた。それゆえ名前を呼ばれるときも「皇上陛下」ではなく「溥儀」と呼ばれ、とても不愉快であったと『わが半生』には記している。中国共産党は溥儀を、中国共産党の理念を理解した平民に再教育することを始めた。だが、これまで皇帝として四十数年をすごし、つねに頂点に君臨してきた人間の考えが簡単に変わることはなかった。このときの心境を、溥儀は次のように述べている。

私は、人目をぬすんで塀のそばに近寄ると、その灰色の高い塀を見上げな

▼**撫順戦犯管理所**　遼寧《りょうねい》省撫順市にあった戦犯管理所。満洲国時代につくられた監獄を使い、一九五〇年にソ連から引き渡された日本人・中国人の戦犯容疑者を収容した。収容された戦犯容疑者は、各自が犯した事実と向きあう学習を行った。一九六〇年代にはすべての収容者は出所し、その後一般にも公開された。

がら、果てしのない感慨にふけった。きっと一生塀に囲まれて、のがれられないのだろう。昔も塀に囲まれていたが、まだある種の尊厳を保っていたし、特殊な地位もあった。長春《ちょうしゅん》の狭い塀のなかでさえ、私の生活上の特権は失われていなかった。ところが今、この塀のなかではそれらすべてがなくなってしまい、その上、ほかの人と同じように生存上の困難まで負わされている。つまり、このとき私は自分の無能を知ったために、悲しんでいたのではなかった。人から無能とみなされて腹を立てていたのだった。あるいはまた、自分の無能をとがめていたわけでもない。自分は生まれながらにして、人にかしずかれてよいことになっていると思いこんできた、その特権が失われたことが恨めしかったのである。

皇帝としての尊厳は、もはや維持できないと悟った溥儀は学習に励み、自己の思想を変える努力を行った。溥儀をも含む、撫順戦犯管理所に収容された戦犯(日本人も多くいた)は、中国共産党の寛大政策により、自己の戦争犯罪を認め、悔い改めたとする見解がある。中国共産党の寛大政策を否定はできないが、中国共産党の指導がすばらしいことを世に知らしめる目的がなかったとは言い

撫順戦犯管理所(遼寧省撫順市)

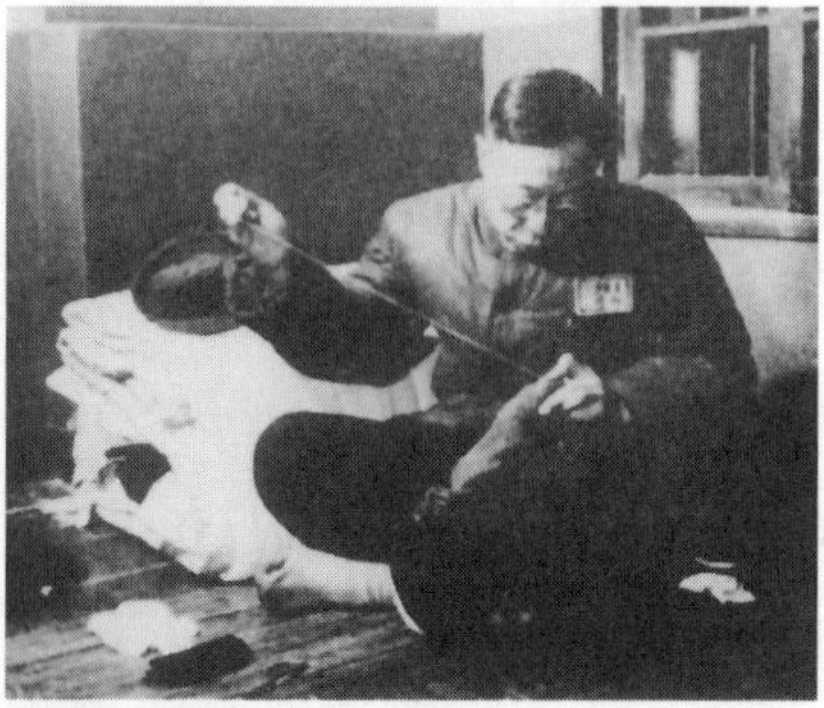

撫順戦犯管理所での溥儀

撫順戦犯管理所で自己の半生を省察する溥儀

切れない。溥儀のような旧時代を象徴する皇帝でさえ、中国共産党の指導により真人間になれる、ということを示したかった点も否定はできない。寛大政策と中国共産党の優れた指導を宣伝する政策は、併存していたと理解したい。

一九五九年十二月に溥儀は中華人民共和国最高人民法院から特赦通知書を受け取り、撫順戦犯管理所を離れた。このとき五三歳であった。そして、すぐに北京《ペキン》に戻った。一九二四年に馮玉祥《ふうぎょくしょう》により紫禁城《しきんじょう》を追い出されてから、三十数年ぶりにみる北京であった。一九六〇年三月に北京植物園に配属され、半日労働、半日学習の日々を送った。一九六二年四月には李淑賢《りしゅくけん》▲と結婚し、家庭を営むことにした。溥儀にとって李淑賢は五人目の妻である。溥儀は『わが半生』の脱稿に労力を費やし、一九六四年に『わが半生』は出版された。

二歳で皇帝に即位し、以後皇帝として生きていく宿命を背負い、政治に翻弄《ほんろう》される人生を送ってきた溥儀は、その最後でも政治の荒波を受けてしまった。一九六六年に文化大革命▲が始まり、溥儀の周囲にいた幹部たちも自己批判を強いられた。溥儀は脅迫的な手紙を何通も受け取り、いつ闘争に引き出されるのか不安に苛《さいな》まれた。一九六四年以来、溥儀は腎臓《じんぞう》の機能障害に苦しんでいた。

▼**李淑賢**　一九二四〜九七年。看護師として働き、一九五五年から北京の病院に勤務した。一九六二年に溥儀と結婚。溥儀とのあいだに子どもはもうけなかった。一九九七年に死去。

▼**文化大革命**　一九六六年から約一〇年間続いた、中国共産党の権力闘争。大躍進の失敗により劉《りゅう》少奇《しょうき》・鄧小平《とうしょうへい》らに政権中枢を掌握された状況に、毛沢東が行った復権の試み。権力闘争の過程で、多数の中国人が辛酸をなめた。

政治闘争が打ち続くなかでは、十分な治療はむずかしかったこともあり、溥儀は一九六七年十月十七日に死去した。六一歳の生涯であった。

李淑賢と溥儀

溥儀の生涯からみえるもの

二十世紀には帝政は過去のものとなり、多くの王家は統治者としての地位をおりていた。ロシアのロマノフ家のように皇帝を含む帝室の多くが殺され、断絶した王家もあった。清室《しんしつ》は優待条件により、表面的には以前と同様に存続したので、溥儀の生活にも大きな変化はなかった。また、中華民国期には溥儀や清室を排斥する声もあったとはいえ、擁護する声も強く、打倒の対象にはならなかった。馮玉祥は紫禁城から溥儀を追放したが、清室の撲滅は考えてはおらず、溥儀は天津《てんしん》の日本租界で生き続けた。

世界史的には帝政は時代遅れになり、あらたな皇帝が誕生することもほとんどなくなった。そうしたなかで、新しく建てられた国家が、国家としての正統性を示すために皇帝を必要とする状況が生じた。関東軍は皇帝をさがすことはできても、皇帝をつくりだすことはできなかった。こうした経緯から溥儀は満洲国の皇帝に即位した。しかし、満洲国は人為的に創出された国であり、独立国家というには無理が多い内実をしていた。このため日本の敗戦とともに消滅してしまう。退位した溥儀は、今度は皇帝から平民に改まった人物として注目を集めた。中国共産党による溥儀への指導は、世界にアピールできる成果をおさめたといえよう。

溥儀は幼少期から皇帝として紫禁城のなかで暮し、軍閥混戦の影響を受けて、わずか一二日間の復辟《ふくへき》や紫禁城からの追放も経験した。満洲国時代は皇帝としてのプライドと日本人の命令には従わなければならないこととのギャップに苦しみ、撫順戦犯管理所では平民になる努力を重ね、特赦を受けたが、最後は文化大革命という混乱に巻き込まれ生涯を閉じた。

視野を広げて考えれば、二十世紀初めに中国に生まれた人は、幼少期は清朝の崩壊、政治的に混乱した中華民国の時代を経験し、壮年期は満洲事変、日《にっ》中《ちゅう》戦争、国共内戦、中国共産党政権の誕生というなかですごし、老齢になり文化大革命の難にあうという人生を送っていた。こうした状況から溥儀の生涯を考えるならば、「数奇な生涯」というよりは、「終生、政治的に利用され続けた生涯」といいかえられるだろう。二歳のときに西太后の指名により皇帝になってから、死ぬまで皇帝という宿命から逃れることはできず、変転する政治に翻弄された生涯は、溥儀個人の選択という側面もあったが、溥儀を取りまく時代状況が生み出していたのである。

樋口秀実「満洲国『帝位継承法』の研究」『東洋学報』95-1, 2013年
古川隆久編『武部六蔵日記』芙蓉書房出版, 1999年
古海忠之『忘れ得ぬ満洲国』経済往来社, 1978年
水野錬太郎「宣統帝と張学良(支那旅行の思い出)」『東洋』36-9, 1933年
山口利昭編『鈴木貞一氏談話速記録』下, 日本近代史料研究会, 1974年
芳澤謙吉『外交六十年』中央公論社, 1990年
李淑賢著, 林国本訳『わが夫, 溥儀』学生社, 1997年

『月刊中国NEWS』1巻4号, 2007年
「旧清皇室関係雑件」外務省外交史料館所蔵
「宣統帝復辟問題雑件」外務省外交史料館所蔵
「密大日記」大正14年6-4冊　防衛省防衛研究所図書館所蔵

写真所蔵・提供者一覧(敬称略・五十音順)
朝日新聞社　　カバー表右, p. 44, 51, 52左, 54右・左, 57, 71, 77
石原正雄／PPS通信社　　カバー表左
外務省外交史料館　　p. 74下
関西学院大学博物館　　p. 68
シーピーシー・フォト　　p. 14, 16右, 18, 31, 36, 52右
孫文記念館　　p. 21
毎日新聞社　　p. 55, 58
ユニフォトプレス　　p. 11右, 17, 28右, 35上, 50下, 67上・下, 69右・左, 83下, 85
読売新聞社　　扉, p. 61
AGE／PPS通信社　　カバー裏
『禁城の熹光　満洲国皇帝陛下御生立記』関東玄洋社出版部・国立国会図書館
p. 35下
『从皇帝到公民』吉林文史出版社　　p. 32, 83上
『西太后』紫禁城出版社・岩手大学図書館　　p. 13
『悲劇の皇帝溥儀　満州国をめぐる動乱五十年』弘文堂・国立国会図書館
p. 41, 49
『溥儀研究』下巻, 天津人民出版社　　p. 50上
『わが半生』下, 大安・国立国会図書館　　p. 67中, 83中

参考文献

愛新覚羅溥儀『我的前半生　全本』群衆出版社, 2007年
愛新覚羅溥儀『我的前半生　灰皮本』群衆出版社, 2011年
王慶祥『婉容／文綉伝』団結出版社, 2005年
王慶祥整理注釈『溥儀日記　全本』上・下, 天津人民出版社, 2009年
王慶祥選編『「我的前半生」背后的惊天内幕』天津人民出版社, 2011年
顧維鈞『顧維鈞回憶録』中華書局, 1983年
胡平生『民国初期的復辟派』学生書局, 1985年
孫思源「溥儀的被俘和引渡回国始末」『民国檔案』2003年1月
中国第一歴史檔案館「劉鳳池致溥儀信函選(上・下)」『歴史檔案』1997年1月, 1997年2月
中国第二歴史檔案館『馮玉祥日記』江蘇古籍出版社, 1992年
張書才「張宗昌与溥儀来往信函」『歴史檔案』1982年1月
陳肖寒「民国初年遜清歳費問題初探」『西南農業大学学報(社会科学版)』7-4, 2009年
鄭孝胥『鄭孝胥日記』中華書局, 1993年
葉秀雲「遜清皇室抵押, 拍売宮中財宝述略」『故宮博物院院刊』1983年1月
李坤睿「王孫帰不帰？―溥儀出宮与北洋朝野局勢的変化」『南京大学学報(哲学・人文科学・社会科学)』2012年5月
李国雄口述, 王慶祥撰写『他者眼里的溥儀』団結出版社, 2007年
李立夫主編『末代皇帝溥儀在天津』天津人民出版社, 2010年
李立夫主編『末代皇帝溥儀在蘇聯』天津人民出版社, 2011年
呂長賦編『溥儀離開紫禁城以後』文史資料出版社, 1985年
鹿鐘麟「駆逐溥儀出宮始末」『天津文史資料選輯』4, 1979年

愛新覚羅浩『流転の王妃の昭和史』新潮社, 1992年
愛新覚羅溥儀著, 新島淳良・丸山昇訳『わが半生』上・下, 大安, 1965年
愛新覚羅溥儀著, 新島淳良・丸山昇訳『わが半生』上・下, ちくま文庫, 1992年
愛新覚羅溥傑著, 金若静訳『溥傑自伝』河出書房新社, 1995年
阿部由美子「張勲復辟と満蒙王公の反応」『満族史研究』6, 2007年
稲葉正夫編『岡村寧次大将資料　戦場回想録』原書房, 1970年
江夏由樹「『満洲国』地籍整理事業から見た『皇産』の問題」『清代中国の諸問題』山川出版社, 1995年
工藤忠『皇帝溥儀』世界社, 1952年
小磯国昭『葛山鴻爪』小磯国昭自叙伝刊行会, 1963年
笹川良一『巣鴨日記』中央公論社, 1997年
R. F. ジョンストン著, 中山理訳『紫禁城の黄昏』上・下, 祥伝社, 2005年
田中比呂志「第一回国会議員選挙と国民党」『一橋論叢』104-2, 1990年
塚瀬進『満洲国　「民族協和」の実像』吉川弘文館, 1998年
中田整一『満州国皇帝の秘録』幻戯書房, 2005年
中見立夫『「満蒙問題」の歴史的構図』東京大学出版会, 2013年
波多野勝「対満経済政策の展開と日満皇室外交」『国際政治』97, 1991年
樋口秀実「満洲国皇帝制度の成立と皇帝即位儀礼」『国史学』200, 2010年
樋口秀実「満洲国『建国神廟』創設をめぐる政治過程」『東洋学報』93-1, 2011年

溥儀とその時代

西暦	年号	齢	おもな事項
1906	明治39		*2-7* 北京に生まれる。父は醇親王載灃，母は栄禄の娘
1908	41	2	*11-13* 西太后により皇帝に指名される。*11-14* 光緒帝死去。*11-15* 西太后死去
1911	44	5	*11-10* 武昌蜂起。辛亥革命始まる
1912	大正元	6	*2-12* 清朝皇帝を退位。*3-10* 袁世凱，臨時大総統に就任
1913	2	7	*4-* 第二革命失敗
1914	3	8	*7-28* 第一次世界大戦始まる
1916	5	10	*6-6* 袁世凱死去
1917	6	11	*7-1* 張勲による復辟
1919	8	13	ジョンストンから英語を学ぶ
1922	11	16	*12-1* 婉容・文綉と結婚
1924	13	18	*11-5* 紫禁城を追われる
1925	14	19	*2-22* 天津日本租界に住む(張園)
1928	昭和 3	22	*6-* 蔣介石率いる国民革命軍，北京入城
1929	4	23	*7-* 静園に移る
1931	6	25	*9-18* 満洲事変勃発。*11-10* 天津を脱出して営口へいく
1932	7	26	*3-1* 満洲国成立。*3-9* 満洲国執政に就任
1933	8	27	*3-27* 日本，国際連盟を脱退
1934	9	28	*3-1* 満洲国皇帝に就任
1935	10	29	*4-6〜24* 第1回訪日
1937	12	31	*4-* 譚玉齢と結婚。日中戦争始まる
1939	14	33	*9-1* 第二次世界大戦始まる
1940	15	34	*6-26〜7-6* 第2回訪日
1941	16	35	*12-8* 太平洋戦争始まる
1942	17	36	*8-14* 譚玉齢死去
1943	18	37	*4-* 李玉琴と結婚
1945	20	39	*8-8* ソ連，対日宣戦布告。*8-15* 日本，ポツダム宣言の受諾と降伏を発表。*8-18* 満洲国皇帝を退位。*8-19* ソ連軍に拘束される
1946	21	40	*8-* 極東国際軍事裁判に出廷
1949	24	43	*10-1* 中華人民共和国成立
1950	25	44	撫順戦犯管理所にはいる
1953	28	47	*7-27* 朝鮮戦争休戦
1959	34	53	*12-* 特赦を受ける
1962	37	56	*4-* 李淑賢と結婚
1966	41	60	文化大革命始まる
1967	42	61	*10-17* 北京で死去

塚瀬 進(つかせ すすむ)
1962年生まれ
中央大学大学院文学研究科博士課程単位取得退学
専攻，マンチュリア史・中国近代史
現在，長野大学環境ツーリズム学部教授 博士(史学)
主要著書
『中国近代東北経済史研究』(東方書店1993)
『満洲国――「民族協和」の実像』(吉川弘文館1998)
『満洲の日本人』(吉川弘文館2004)
『マンチュリア史研究――「満洲」六〇〇年の社会変容』(吉川弘文館2014)

日本史リブレット人 099
溥儀《ふぎ》
変転する政治に翻弄された生涯
2015年7月25日 1版1刷 発行
2021年3月31日 1版2刷 発行
著者：塚瀬《つかせ》 進《すすむ》
発行者：野澤武史
発行所：株式会社 山川出版社
〒101-0047 東京都千代田区内神田1-13-13
電話 03(3293)8131(営業)
03(3293)8135(編集)
https://www.yamakawa.co.jp/
振替 00120-9-43993
印刷所：明和印刷株式会社
製本所：株式会社 ブロケード
装幀：菊地信義

Printed in Japan ISBN 978-4-634-54899-2

日本史リブレット 人

1 卑弥呼と台与——仁藤敦史
2 倭の五王——森　公章
3 蘇我大臣家——佐藤長門
4 聖徳太子——大平　聡
5 天智天皇——須原祥二
6 天武天皇と持統天皇——義江明子
7 聖武天皇——寺崎保広
8 行基——鈴木景二
9 藤原不比等——坂上康俊
10 大伴家持——鐘江宏之
11 桓武天皇——西本昌弘
12 空海——曾根正人
13 円仁と円珍——平野卓治
14 菅原道真——大隅清陽
15 藤原良房——今　正秀
16 宇多天皇と醍醐天皇——川尻秋生
17 平将門と藤原純友——下向井龍彦
18 源信と空也——新川登亀男
19 藤原道長——大津　透
20 清少納言と紫式部——丸山裕美子
21 後三条天皇——美川　圭
22 源義家——野口　実
23 奥州藤原三代——斉藤利男
24 後白河上皇——遠藤基郎
25 平清盛——上杉和彦
26 源頼朝——高橋典幸
27 重源と栄西——久野修義
28 法然——平　雅行
29 北条時政と北条政子——関　幸彦
30 藤原定家——五味文彦
31 後鳥羽上皇——杉橋隆夫
32 北条泰時——三田武繁
33 日蓮と一遍——佐々木馨
34 北条時宗と安達泰盛——福島金治
35 北条高時と金沢貞顕——永井　晋
36 足利尊氏と足利直義——山家浩樹
37 後醍醐天皇——本郷和人
38 北畠親房と今川了俊——近藤成一
39 足利義満——伊藤喜良
40 足利義政と日野富子——田端泰子
41 蓮如——神田千里
42 北条早雲——池上裕子
43 武田信玄と毛利元就——鴨川達夫
44 フランシスコ＝ザビエル——浅見雅一
45 織田信長——藤田達生
46 徳川家康——藤井讓治
47 後水尾天皇と東福門院——山口和夫
48 徳川光圀——鈴木暎一
49 徳川綱吉——福田千鶴
50 渋川春海——林　淳
51 徳川吉宗——大石　学
52 田沼意次——深谷克己
53 遠山景元——藤田　覚
54 酒井抱一——玉蟲敏子
55 葛飾北斎——大久保純一
56 塙保己一——高埜利彦
57 伊能忠敬——星埜由尚
58 近藤重蔵と近藤富蔵——谷本晃久
59 二宮尊徳——舟橋明宏
60 平田篤胤と佐藤信淵——小野　将
61 大原幽学と飯岡助五郎——高橋　敏
62 ケンペルとシーボルト——松井洋子
63 小林一茶——青木美智男
64 鶴屋南北——諏訪春雄
65 中山みき——小澤　浩
66 勝小吉と勝海舟——大口勇次郎
67 坂本龍馬——井上　勲
68 土方歳三と榎本武揚——宮地正人
69 徳川慶喜——松尾正人
70 木戸孝允——一坂太郎
71 西郷隆盛——德永和喜
72 大久保利通——佐々木克
73 明治天皇と昭憲皇太后——佐々木隆
74 岩倉具視——坂本一登
75 後藤象二郎——村瀬信一
76 福澤諭吉と大隈重信——池田勇太
77 伊藤博文と山県有朋——西川　誠
78 井上馨——神山恒雄
79 河野広中と田中正造——田崎公司
80 尚泰——川畑　恵
81 森有礼と内村鑑三——狐塚裕子
82 重野安繹と久米邦武——松沢裕作
83 徳富蘇峰——中野目徹
84 岡倉天心と大川周明——塩出浩之
85 渋沢栄一——井上　潤
86 三野村利左衛門と益田孝——森田貴子
87 ボアソナード——池田眞朗
88 島地黙雷——山口輝臣
89 児玉源太郎——大澤博明
90 西園寺公望——永井　和
91 桂太郎と森鷗外——荒木康彦
92 高峰譲吉と豊田佐吉——鈴木　淳
93 平塚らいてう——差波亜紀子
94 原敬——季武嘉也
95 美濃部達吉と吉野作造——古川江里子
96 斎藤実——小林和幸
97 田中義一——加藤陽子
98 松岡洋右——田浦雅徳
99 溥儀——塚瀬　進
100 東条英機——古川隆久

〈白ヌキ数字は既刊〉